善待問者如撞鐘叩之以小者則小鳴叩之以大者則大鳴待其從容然後盡其聲

禮記學記語

释文：

善待问者如撞钟,叩之以小者则小鸣,叩之以大者则大鸣,待其从容,然后尽其声。

——《礼记·学记》语 八公山人书

问答实录

第三辑

王西胜 ◎ 著

世界知识出版社

图书在版编目（CIP）数据

问答实录. 第三辑 / 王西胜著. -- 北京：世界知识出版社，2023.12

ISBN 978-7-5012-6711-8

Ⅰ. ①问… Ⅱ. ①王… Ⅲ. ①国学－问题解答 Ⅳ. ①Z126-44

中国国家版本馆CIP数据核字（2023）第237530号

问答实录. 第三辑
Wenda Shilu Disanji

作　　者	王西胜
责任编辑　薛　乾	特邀编辑　杨　娟
责任出版　李　斌	
装帧设计　周周设计局	内文制作　张　灿　宁春江
出版发行	世界知识出版社
地　　址	北京市东城区干面胡同51号（100010）
网　　址	www.ishizhi.cn
联系电话	010-65265919
经　　销	新华书店
印　　刷	廊坊市海涛印刷有限公司
开本印张	710×1000毫米　1/16　13印张
字　　数	160千字
版次印次	2023年12月第一版　2023年12月第一次印刷
标准书号	ISBN 978-7-5012-6711-8
定　　价	32.00元

（凡印刷、装订错误可随时向出版社调换。联系电话：010-65265919）

序 言

天地玄黄，宇宙洪荒，

五岳崔嵬，四海苍茫。

中华优秀传统文化，源远流长，博大精深。作为其中的杰出代表，儒家的"四书五经"、道家老子《道德经》、屈原《楚辞》以及其他先秦诸子百家的经典著作，既蕴藏着古圣先贤对万物之灵的人自身以及人类赖以生存的天地自然宇宙（包括宇宙万物）运行、发展、变化的根本规律和法则的深邃感悟，也不乏足以指导现实人生、帮助建功立业、实现修齐治平，乃至推动"转化生产力"的经世致用之学。

国家倡导推动中华文明创造性转化、创新性发展，激活其生命力，让书写在古籍里的文字活起来。因此，在弘扬优秀传统文化的过程中，只要我们的切入视角得当，诠释解读中肯，践行力度到位，完全可以实现"古为今用、推陈出新"，让古老的传统智慧在当今时代人们的生活、工作、学习、待人、处事、接物等各个领域，重新焕发蓬勃生机。

2017年1月出版的《问答实录——经典生活化实战拆招》（第一辑），是作者长期在各地讲学实践中，与广大学员所做问答互动的如实记录。其中，很多带有普遍意义的鲜活案例，在不同读者身上一次又一次地重复上演着。

随着大家学而习之、知而行之、文而化之的不断深入，各种新的困惑犹如冰山之一角渐及全貌般地逐步凸显出来。之后的三年多，又陆陆续续地产生了数百则问答。为不浪费"他山之石"的"攻玉"之效，令存在同类问题者可以"相观而善"，思齐思省，遂选择代表性较强的，于 2020 年 7 月结集出版，命名为《活用经典问答实录：生活篇》，是为第二辑。

《礼记·学记》云："建国君民，教学为先。"学问之道，博学审问，慎思明辨；传道、授业过程中，问答互动，从未间断。三年全人类艰难时光转瞬而过，又有上百则问答滚烫出炉，是为《问答实录.第三辑》。

本书共八个部分，包括开篇（生命共同体）、问道经史、社会生活、文以齐家、职场管理、学校教育、经典学习和历事炼心。较之前两辑问答，所涉及的问题更加广泛，所探讨的层面也更加深入。

大道至简，很多在提问者自身看来困惑、迷茫、纠结，百思不得其解的问题，事实上往往只需要三言两语，或沉默不语，或一首普通的歌曲，抑或"以其人之道，还治其人之身"，稍加回应，即可于一瞬间令人茅塞顿开，阴霾尽散，光明现前！

本书所辑录的上百则问答，实质上就是对经典生活化、生活经典化的实战拆招与灵活运用。毕竟，平凡的生活，本就蕴藏着取之不尽、用之不竭的大道之源头活水。老中医应病与药，武林高手见招拆招，令人叹为观止的，恰恰是就地取材、四两拨千斤、化腐朽为神奇……传道、授业、解惑亦然。所谓"运用之妙，存乎一心"尔！

目 录

开 篇 1

生命共同体 // 2

问道经史 7

啥是"先天未画前"？// 8 无极 // 10 传道、受道与弘道 // 12 君子不可小知 // 15 你来看此花时 // 16 "妙"与"徼（jiào）" // 17 "慎独"和"把一切化为零"何解？// 18 "柔弱处下"是否意味着好欺负？// 20 格物致知二问 // 22 "天人合一"与无我 // 24 细辨"执两用中" // 26 "纲"是榜样 // 28 程颢先生说得对吗？// 30 难道不是……吗？// 32 一团春意思，两根穷骨头 // 33 曾国藩功课三问 // 34 天伦人伦有别？// 36 民主即中庸 // 37 不关己，莫闲管 // 38 关于责善 // 40 "老子天下第一" // 42

社会生活　45

也说"ME TOO 风" // 46　遭遇"咸猪手",应该怎么办? // 48　逝者如斯夫 // 50　多整点儿有用的 // 52　小保姆辞职 // 54　这种情况,谁来劝? // 56　结婚要看属相八字吗? // 57　家家有本难念的经 // 58

文以齐家　59

如何面对父母至亲? // 61　如何面对让自己难受的"另一半"? // 72　家有"熊孩子" // 85

职场管理　97

支持员工离职,只为"德信" // 98　怎样才能取得领导的支持? // 100　如何与"反对派"沟通? // 101　如何对待反对或反感传统文化的人? // 102　老板的心思你别猜 // 104　疾风知劲草 // 105　答不出问题怎么办? // 107　如何化解员工之间的矛盾? // 108　何为过?何为见过? // 110　职场二问 // 113　他不努力,还是我的问题? // 114　想照顾困难客户,搭档不干了 // 116　要不要给点儿改进建议? // 118

目录

学校教育　119

教育的基业是什么？// 120 "武功秘籍"潜伏在你家书柜里 // 122 如何理解德与德育？// 124 讲课时气场怎样把握？// 125 讲课的趣味性如何更浓一些？// 126 因材施教 // 127 外界干扰下，如何保持修为？// 128 为什么不能放过自己？// 130 不爱学习怎么办？// 131

经典学习　133

读经典，贵精专 // 134 诵读经典，勿自虐 // 135 集体诵读时不整齐怎么办？// 136 允许撞南墙 // 138 怎样解码释放经典中的能量？// 139《弟子规》读到什么程度是"终"？// 141 学了《弟子规》，不敢说话怎么办？// 142 儒家思想与茶道 // 143 所有现象都要用传统文化来解读吗？// 144 学习传统文化，可以追求名利吗？// 146 物质满足与精神富足，如何平衡？// 147 TA又不干了，怎么处理？// 148 如何取得家人的理解和支持？// 150

历事炼心　151

造了假，心不安，该怎么办？// 152 苦海无边，归零是岸 // 154 老想获得点儿什么，是大问题 // 156 骨子里瞧不起人，怎么改？// 158 解决痛苦的途径和妙招 // 159 我改了，别人的缺点就没有了吗？// 160 我是

"不争气的东西" // 162 尊重他的不上道 // 164 勇敢的懦夫 // 166 选择阳光，选择希望，选择心情舒畅 // 168 虚荣心，怎么破？ // 170 教我如何不嫌弃 // 172 你只是"不甘心" // 174 "降低"和"自卑"同义吗？ // 175 怎样对待伤害自己的人？ // 176 什么是执着？ // 177 什么是"愣头八脑，蠢乎乎"？ // 179 被欺骗了，还不能难过？ // 181 压力怎么会越来越大呢？ // 182 怎么克服没长性？如何消除倦怠感？ // 184 "磨刀"与"砍柴"的关系 // 186 为什么学了传统文化，更爱计较了？ // 188 为什么"诚心"行不通？ // 190 有什么法宝可以管住嘴？ // 192 管好自己的嘴 // 193 诚则不贰 // 194 遇到不愉快的人、事，如何平复心情？ // 195 如何激发别人的自信？ // 196

附 处富贵去贫贱，都应有底线 // 197

开 篇

生命共同体

【问】一直有个疑问想请教老师，自从学了传统文化，就被贴上传统文化的标签，做什么事都会被人说"你可是学过传统文化的人"！学过传统文化的人，不管好事还是坏事，别人强加于自己，都应该忍气吞声吗？还请老师指点迷津。

【答】举个具体例子。

【问】记得有一次，有同事拿学生开了一个很过分的玩笑，学生就反驳了一下，结果双方因此闹得很不愉快。对方一直责备学生："还学过传统文化呢，不知道学到哪里去了！"

类似这样的事情很多，别人总是拿这句话来压我们这些学过传统文化的人。可能在他们看来，学过传统文化就应该事事逆来顺受，甚至可以违背自己的原则。

【答】送你一副对联：

上联：理解他的不理解，尊重他的不尊重；

下联：体谅他的不体谅，包容他的不包容。

横批：还是要多关心TA！

【问】谢谢老师！学生也常用您赠予的这句"还是要多关心TA"来为自己解除烦恼，可是太多这样的TA了，学生心量不够大，实在是

开 篇

关心不过来。怎样才能让自己的心量变得大些,老师?

【答】体会"生命共同体"的状态。不同生命个体相互之间的矛盾摩擦,本质上都属于"大水冲了龙王庙"。

【问】学生笨拙,还是不太理解,请老师明示。

【答】你有几只手?

【问】看得见的只有两只手。

【答】还有看不见的吗？

【问】没有！

【答】有就麻烦了。

【问】不能有，也不可以让自己有！

【答】每只手上有几个手指头？

【问】五个手指头。

【答】两只手加起来，一共多少个手指头？

【问】总共十个手指头。可是，这跟"大水冲了龙王庙"有何联系呢？

【答】两手分左右，十指各不同，对吗？

【问】是的，老师。

【答】现在请用左手使劲掐右手。

【问】右手会感觉到痛。

【答】是谁伤害了右手？

【问】"我"的左手伤了右手。

【答】好，让我们来替右手报仇，掐回去——执行！

【问】两败俱伤！学生明白了，老师。

【答】报仇了吗？

【问】仇是报了，但是自己伤得更严重了。一切的根源还是在"我"。

【答】报仇之后，左手是不是也疼了？

【问】是的，老师。

【答】问题是：左手掐右手，是谁指使的？拜托，不要隔着屏幕赖王老师哦！

【问】是"我"！学生修为太浅，之所以有那么多需要去关心的

TA，还是学生自身的问题，学生痛改前非，反思己过。

【答】右手向左手报仇，掐回去，又是谁操控的？

【问】还是那个"我"在操控。

【答】表面上看，互相伤害的左右手是对立的。事实上，两只手是否有一个共同的主人——你自己？

【问】是的，学生太愚钝了，总是习惯性地在别人身上找原因，总是改不掉"自我"的毛病，实在有愧于老师的悉心教诲！

【答】现在假设，左手背上被蚊子叮了一口，很痒。请问，关键时刻，谁最能帮到左手，或挠痒痒，或涂抹药膏？

【问】是右手。

【答】右手情愿帮忙吗？

【问】关键在"我"。

【答】左右手之间，要不要签订一个挠痒痒的服务合同？要不要支付费用？

【问】不需要。"我"的左手背痒，"我"的右手会在第一时间帮忙挠，或者涂膏药。这是大脑的第一反应，自然而然的，并且是不求任何回报的帮助。

【答】右手要不要故意拖延一下，以泄私愤——叫你当初掐我，现在让你难受一会儿再说？

【问】难受的不是左手，而是"我"自己呀！

【答】左右手，看起来各是各，有时候还闹对立，互相掐，其实是糊涂了，忘了彼此是一家，是生命共同体，对不对？

【问】对的，老师。

【答】左右手，同属于一个躯体对不对？

【问】对的，老师。学生明白了，这就是生命共同体的状态。

【答】每只手上的手指,也同属于一个躯体对不对?

【问】对的,老师。

【答】张三李四,千千万万不同的生命个体,是否与此同理,也同属于某个共同体?

【问】是的,老师。

【答】对于左右手和十指来说,人的躯体是可见的,好理解。对于你我他,亿万天下苍生来说,我们所归属的那个共同体是不可见的——是万物共同的本性!

本性是"○",谁能将自己的内心归于"○",谁将体会到这种共同体的客观存在。一旦体会到了,就能油然而生那份无条件的关爱。

【问】是的,老师,学生受教了。您给学生讲解得很详细,很切合实际,学生愚笨,辛苦老师了!感谢老师您这么不厌其烦地为学生解答!

【答】现在,我来问你,"还是要多关心TA"——TA,多乎哉?关心得过来吗?

【问】不多,完全没问题,可以关心得过来。经老师您这么一细解,学生豁然开朗,许多烦恼皆因"我"而生!

【答】这种生命共同体的状态,就是孔老夫子所说的"仁"!

【问】嗯,经老师解说,就很容易理解了。若一直默默憋在心里不说,终将无法寻求到答案。学生明白了其中的道理,接下来要做到孔老夫子所说的"仁",学生道行尚浅,还须在日常生活中慢慢力行。多谢老师您的无条件的关爱,感激之情无以言表!

【答】表面上看,是你问我答,其实也是生命共同体——自己,又给自己复习了一遍而已。

问道经史

啥是"先天未画前"?

【问】老师晚上好!学生今天看到一句话:"不离日用常行内,直造先天未画前。"却不明白意思,搜索了一下还是很迷糊,特向老师请教。

"不离日用"好懂,"常行内"怎么解?后半句就完全不知该如何理解了。

【答】日对常,用对行,意思是一样的。合言之,就是日常生活,就是普通百姓每天都要面对的饮食起居,柴米油盐,待人接物。

【问】前半句说修行不离日常生活,那后半句呢?

【答】伏羲氏创八卦,一画开天,遂有阴阳,所谓"易有太极,是生两仪,两仪生四象,四象生八卦,八卦定吉凶,吉凶生大业……"

"先天未画",便是阴阳未分之前,可以称之为本来面目,也可以称之为元始初始,也就是"〇"。

【问】"欲识浑沦无斧凿,须从规矩出方圆。"又该如何理解?

之前一直不明白伏羲"一画开天"到底是什么寓意,今天才算知道了。这个"浑沦"莫非也还是说的那个元始初始的"〇"?"规矩出方圆",是指在世间立身行道要遵从一定的规则,比如尊敬老师。这样理解对不对?

【答】"欲识浑沦无斧凿,须从规矩出方圆。"——其实说的就是"知止定静安虑得"。规矩者,知止也。浑沦、方圆、先天未画前,都是一回事。

阳明先生说的是"致良知"的状态,借助于文字,无关乎文字。

【问】哦,原来如此!"道可受兮,不可传",感谢老师!

【附录】

别诸生

(王阳明)

绵绵圣学已千年,两字良知是口传。
欲识浑沦无斧凿,须从规矩出方圆。
不离日用常行内,直造先天未画前。
握手临歧更何语?殷勤莫愧别离筵!

无 极

【问】王老师能否简要解读一下"无极"？太极老师教了"无极桩"，后又看《道德经》中说到"无极"，但我对"无极"的理解不够深刻，只能从字面上去理解。我也去搜索过，但总感觉和自己心里感应的对不上号，又说不出来什么，功底太薄。

【答】《道德经》里没有提过"无极"。

【问】我是看到《道德经》第二十八章里的"复归于无极"这句，联想到"无极桩"。

【答】这是后人附会而篡入经文的。

【问】那王老师可以单就这两个字解释一下吗？很想明白这个深意。

【答】《庄子》《列子》都提到过"无极"，但正式提出"无极"学说的，是周敦颐。

《易传》曰："易有太极，是生两仪，两仪生四象，四象生八卦……"周敦颐《太极图说》："无极而太极。"故知：无极，指的就是"易"。

《易传》又曰："易，无思也，无为也，寂然不动，感而遂通天下之故。"易，是一种自然宇宙元始初始的本源状态，难以言传，大致相当于今天常说的"归零（〇）"。

【问】太好了！听您这样一讲，好像有点儿感觉了。我想把孩子引到大自然中去，让他通过镜头发现世间的真善美，留下永久的记忆，帮助孩子找回他们天性纯真的状态。

【答】仅供参考。

传道、受道与弘道

【问】请教王老师：一、道可受兮,不可传(屈原《远游》);二、师者,所以传道受(授)业解惑也(韩愈《师说》)。问题:一、受道

= 授道?二、既然道可受不可传,为何韩愈说"传道",《中庸》说"弘道"?

【答】细品二字字源,皆有运送之义。但是,受("授"的本字),重在由此岸到彼岸,一站直达;传,重在转递,站站辗转。

真正的大道,至简至易。师徒之间,以心印心,如舟渡人,一旦相印,当下即到彼岸,合乎"受"之意向。

而转来递去的那种方式,既费事,又不知何时是个头,则适合"记问之学",由一堆文字钻进另一堆文字,枝蔓牵扯,无休无止。

【问】受教了!

【答】屈子曰"道可受兮,不可传",韩愈说"传道",一者,唐

较之先秦，语境有所变化，"传"与"受"，开始互通混用；二者，韩愈的文章好，但对道的领悟很难说怎么样。从他的《原道》《原性》二文看，他斥老辟佛，门户之见很严重，近乎极端。只能说，他所说的尧舜禹汤文武周公孔孟之"道"，是他个人理解的版本，于终极大道而言，尚有不小的差距。

【问】弘道呢？

【答】弘，光大之义。

【问】可否这么理解——受道，于师徒而言；传道，于师者而言；弘道，于使者而言？

【答】其实是一回事，不能单从哪一个角度说。"人能弘道"，是在交互中完成的。究其源，"受"比"传"更符合事实；弘，令大道显现其原本之大。

【问】如同"物有本末，事有终始，知所先后"一样，人、事、物，都有本末、终始、先后。

【答】圆融无碍。

君子不可小知

【问】可否请教您一个问题：屈原先生那么大的智慧，应该知道天下统一是趋势，为什么他还要去投江，而不是去造福更多的民众？

【答】你咋知道他"没去"造福更多的民众？

【问】是以《楚辞》吗？还是以投江的形式？如果说这样就是造福更多的人，那么可不可以理解为，现在我们过的端午节也算是一种被造福，因为里面有楚文化和道的传承。

【答】子曰："君子不可小知，而可大受也；小人不可大受，而可小知也。"天和地为我们做了什么，你能了解全面吗？

【问】似乎明白了一些，圣人考虑问题如天地一样宽广，德行也如天地一样深厚，他们甚至超越时空界限，所以不畏生死，只为求道。而这个道就是符合宇宙自然的，如天地一样。

你来看此花时

【问】王阳明：你未看此花时，此花与汝心同归于寂；你来看此花时，则此花颜色一时明白起来。王老师，我读此处心里依然未得。虽然有一次偶尔心通，明白一点点意思，但很快又糊涂了。还请详解！

【答】心花一体，心外无花，花外无心。看则起用，不看不起用。

【问】妙，"起用"一词通解！体用之妙。

【答】一时明白起来——用之则行；同归于寂——舍之则藏。

"妙"与"徼（jiào）"

【问】您好，王老师！今天脑袋里突然蹦出来"故常无，欲以观其妙；常有，欲以观其徼"这两句话，不得其解，麻烦您方便时指点迷津！

【答】无形无相的场能推动着万事万物的运行发展变化。

场能看不见摸不着，却能做功，是不是"妙"？在场能运作推动下，万事万物显现各种形象、姿态、痕迹、轨道，是不是"徼"？

得其妙，知其徼；见其徼，悟其妙。

【问】妙哉！老师，您讲得特别好理解，但生活中总会忽略各种形态特征，更多的是以自我为中心。

【答】以自我为中心，不能得其妙。

【问】何以修正？

【答】多做换位思考，"以百姓心为心"。

"慎独"和"把一切化为零"何解？

【问】王老师，您好！有问题请教。"慎独"和"把一切化为零"是什么意思？这段时间看您的《儒学心印》，这两点不是很清晰，学生愚钝，还请您指教！

【答】慎独，于无人监督之处，尤其是外人无法看到的自家内心世界，戒慎恐惧，自觉自律。

把一切化为零，每时每刻以零（〇）作为终点，又以零（〇）作为新的起点，把内心的一切情绪、感想、思维，尤其是自我思维意识，统统化掉，恢复明净自然、坦荡无垠的状态。

【问】明白，谢谢王老师！

问道经史

"柔弱处下"是否意味着好欺负?

【问】《道德经》上讲"柔弱处下""柔弱胜刚强",但现实情况是,你越给他脸,他越上天,他越得意扬扬,弄得同伴们灰心丧气的,自信心也受打击,这种情况怎么办?

【答】柔弱处下,有程度的不同。彻底柔弱处下时,就无我了,看到他"上天""得意",内心应该很平静才对。会受打击的自信心,还不是真自信,是"他信"——依赖于外在因素的自我肯定。

【问】你越柔弱处下,他越觉得你好欺负,他越变本加厉,这和现在讲竞争有冲突吗?

【答】他还能欺负动你,说明我们自己还有"争心"未化。"争心"化了,局面也就自然转化了——"夫唯不争,故天下莫能与之争。"

一起"争心",就有人我是非强弱得失……皆属于阴阳层面的互相对峙。事实上,阴灭不了阳,阳也吞不了阴,只是纠缠在一起,无休无止地此消彼长而已。要想从根本上解决问题,需要跳出阴阳,到太极图最外面的似有实无的那个圆圈(○)上去,也就是归零(○)。因为唯有此"○"能够统摄阴阳,再无余事。

格物致知二问

【问】老师好！请教您个问题，"致知在格物""物格而后知至"，"致知"与"知至"基本同义，为什么要用两个不同的字？

【答】致，有通过某种努力而获得什么结果或达到什么目的的意思。"物格而后知至"——"物格"的"格"，就是"致"所代表的努力；"知至"的"至"，就是获得或达到。

【问】哦，明白了。结果是一致的，但过程还是有差别。或者说，明面上是一样的，但本质上还是有差别。

※ ※ ※

【问】您好，王老师！依您的看法，格物致知是否一定要有志？若没有志，是否就不算真正的格物致知？

【答】立对了志——不再为了自己，有助于彻底格物致知。

【问】那么，若我还没有一个清晰的或者说对的志，是否意味着其实我还没有真正地格物致知？

【答】格物，最根本的，就是格心中的自我意识之物。

【问】我理解，"格"其实为"革"，您觉得呢？

【答】格，感格，通融、融化之义。

【问】噢，深！层次比"革"更高，格局更大！

"革"为拒绝，因为我还视之为物，并非真正格物；"格"为融化，从此已是无物。

"天人合一"与无我

【问】想请教老师,"天人合一"具体要达到一种怎样的状态啊？

【答】也就是小宇宙与大宇宙同频共振的状态。

【问】老师，请问，怎么才可以达到您说的这种小宇宙和大宇宙同频共振的状态？这种状态对于我来讲，感觉比较模糊，有没有什么办法去检验自己和别人有没有达到这种状态，或者离这种状态还差多少？

【答】无我时就可以了。

【问】老师，无我时会不会也有好心办坏事的情况？比如，我有慈悲心，去放生，结果却对生态造成了不好的影响。

【答】无我时的好心，是以他人之心为心，以天地万物之心为心，不会一意孤行，不会干破坏生态的事情。

【问】有时候，我会因为不知道这样做到底能不能真的让别人好，在做很多事情的时候会有纠结。您之前说的要做到"天人合一"，我的理解是要放大格局，不要太纠结于小处，只要大方向是善的就可以了。但是，有时候感觉做好事也需要小心翼翼的，需要很有智慧和方法才可以。否则，一不小心，就会好心办坏事。所以，做好事应该是既需要格局，也需要智慧和方法。老师，您觉得是这样吗？

【答】是的。

【问】所以,除了无我之外,还需要在生活中学习、积累经验和方法,应该就是道和术要结合。

【答】无我之时,就是智慧大开之时,此之谓知行合一。不能无我,先行"恕"道,换位思考,自然就知道怎么办了。

【问】请问,平时应该怎么修这个无我的心?

【答】多做志愿者,没有报酬的那种。

【问】嗯,了解了,谢谢老师!

细辨"执两用中"

【问】老师晚上好！今天在视频里听到老师说的一句话——"要想达到中，多行慎独。"突然联想到"执两用中"：在涉及多方的关系里，执的"两"是相关利益方，用的"中"是最大公约数。而在修身里，执的"两"是格物致知过程中所看到的丑陋的自己和美好的自己吗？用的"中"是将丑陋的自己、美好的自己不断向"合于道"校正的慎独吗？

【答】丑陋的自己和美好的自己，都是自己，是一不是二。黑暗的原因，是光明的缺失，黑暗并非客观真实存在；迷失的原因，是觉悟的缺失，迷失并非客观真实存在；丑陋的原因，是美好的缺失，丑陋并非客观真实存在。以上种种，皆非真正的对立范畴。

问道经史

"纲"是榜样

【问】朋友问我一个问题,我不知道该怎么回答,请教您:西方的理念是父母和小孩要做朋友,双方是平等的关系;但中国传统文化却

不是这样讲,儒家很讲究"三纲五常"。该怎么理解?

【答】"父为子纲"。纲,是榜样的意思。父母通过做好榜样,对子女起到身教引领的作用。

【问】当父母做错了,是否也要主动向小孩道歉?这在儒家文化是怎么个说法?

【答】《左传·宣公二年》:"人谁无过?过而能改,善莫大焉。"人人都可能犯错,犯了都应该承认并改正。为人父母者,在认错改过方面,更要给子女做好榜样。

【问】感谢老师的指点,明白了!

程颢先生说得对吗？

【问】老师,《静坐的真相》一文中说:"宋代谢良佐向老师程颢请教:如何做到知行合一？程颢仅回答他:且静坐。"请问老师,程颢先生的答案是否正确,是否合理？学生想听听老师的观点和看法。我该如何做到知行合一？学生愚笨,请老师指导！

【答】程颢说得正确与否,与你何干？能对症的就是好药！程颢教谢良佐,能解决谢当时的问题就行。谁教的你,你就按谁说的来。

【问】老师,我错了！

问道经史

难道不是……吗？

【问】老师好！《道德经》第七章："……非以其无私邪？故能成其私。"这里的"非"及"？"是要表达什么？为什么不直接写成"以其无私，故能成其私"？

【答】难道不是……吗？

【问】还是没听明白。

【答】用反问句式，起到加强语气的作用。

【问】哦，原来是这样啊，谢谢老师！

【答】难道不是这样吗？

【问】明白了，谢谢老师！

【答】难道你的语文是TY（体育）老师教的吗？

【问】是我短路了，TY老师的语文也不差的。

【答】难道语文老师的TY就不行吗？

【问】不绝对，也许、未必、可能……

【答】标准答案：难道不是"大概也许差不多，然而未必不见得"吗？

【问】这是老师的专用语，我敢那样说吗？

一团春意思,两根穷骨头

【问】老师您好!想问一下王老师,如何理解曾国藩的这副对联——"养活一团春意思,撑起两根穷骨头",以及如何去践行?

【答】上联是内在修养的功夫。"春意思",便是内心那团暖暖和和亮亮堂堂的明德之光,或曰良知是也。

下联是应事度世,能挺立得起来,坚韧不拔。"穷骨头",便是意志和信念。

曾国藩功课三问

【问】王老师,您好!今天翻看《曾国藩家书》时,看到有个课程表,其中有这么几个条目想请教一下您:

一、主敬。整齐严肃,无时不惧,无事时心在腔子里,应事时专一不杂。——想请问如何修敬?

二、静坐。每日不拘何时,静坐一会儿,体验静极生阳来复之仁心,正位凝命,如鼎之镇。——这个仁心又指的是什么?

三、养气。无不可对人言之事,气藏丹田。——有人解释这是孟子所说的"我善养吾浩然之气",那这浩然之气又是什么?

【答】一、敬,通俗地说,就是对待人、事、物很当回事,不敢轻忽造次。礼敬的前提是感恩,也就是懂得一切人、事、物皆有恩于我,没有它们就没有我现在的一切,内心不由得暖流涌动,生发起想要报答之心念。这样,自然就会做到无人不敬,无事不敬,无物不敬。

二、仁心,是万物一体,休戚与共,不可分割,一荣俱荣,一损俱损的那种状态。

三、浩然之气,是一个人超越自我小宇宙,体会到万物一体的仁心时,自然生发起来的"其小无内兮,其大无垠"的生命能量。

问道经史

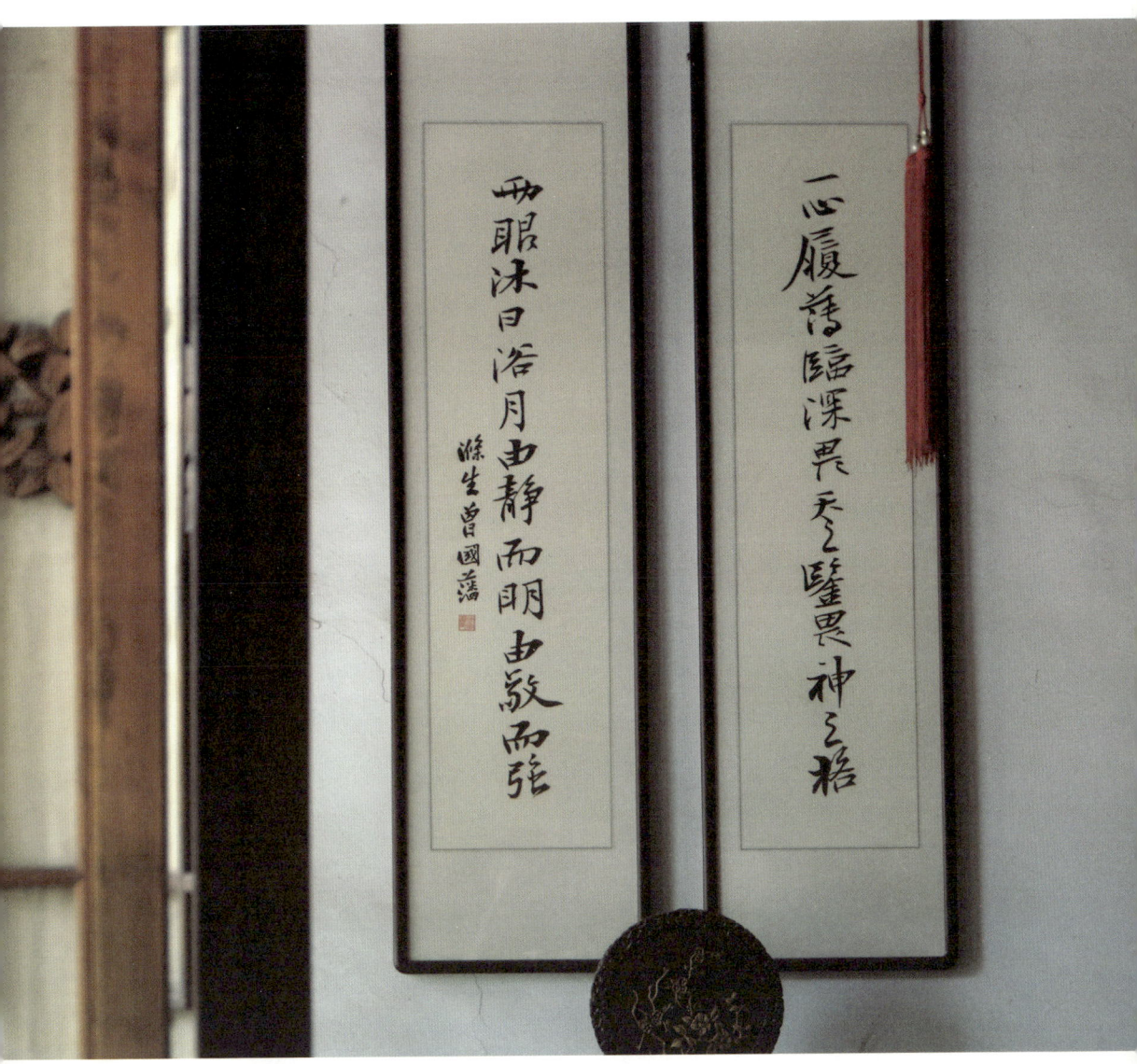

天伦人伦有别？

【问】子游曰："事君数，斯辱矣；朋友数，斯疏矣。"子曰："事父母几谏。"《弟子规》："亲有过，谏使更，怡吾色，柔吾声。谏不入，悦复谏，号泣随，挞无怨。"

问题是：君、友，是人伦；父母，是天伦。不能"数"，是不是人伦关系的处理方式？而天伦关系就不适用？

【答】确有差别。人伦关系以道义相合，道不同时，可以离开，彼此之间属于"有限责任"关系。天伦关系因血缘（夫妇创造新的血缘）而存在，无法割断，故彼此的责任也无限。

【问】受教了。谢谢！

【答】有一种观念认为，子女成年后，就可以独立了，自由了，父母就管不着了。从天伦关系"无限责任"的角度来看，不是那样的。

【问】是否也可以理解为"内外有别"？

【答】可以。

民主即中庸

【问】今天中午跟朋友相聚,酒过三巡,说到民主。我突然觉得,民主即中庸。不知可否这样理解?

【答】通!民主,实质是无为而治。中庸之道,不见(xiàn)而章,不动而变,无为而成。

不关己，莫闲管

【问】老师好！"不关己，莫闲管"，如果没有能力去解决一个问题，哪怕看上去有利于大家，哪怕出发点是对的，也不要乱掺和，免得把事情搞得更复杂；除非发现了问题，有了解决方案，也论证了的确可以解决，而且也能控制风险，再有策略、有计划地提出——我这样理解对吗？

【答】"不关己"的"己"，首先是"己责"问题，也就是要弄清楚是不是自己该管的，在不在自己的职责范围内。在其位，就要好好谋其政；不在其位，则不能乱谋其政。这属于"知止"的心法范畴。

其次，才是"己能"问题，也就是自己有没有本事解决该解决的问题。你所说的，属于"己能"。

【问】老师，"己责"特指工作吗？工作之外的，比如社会上的事，如果不在自己的职责范围内，也不要去瞎管，对吧？

【答】不特指，凡关乎集体利益、公序良俗、家国安危的，都算"己责"。

【问】应该怎样判断能与不能呢？有些事情自己很清楚是做不到的，是"不能"，但别人对自己有要求、有期待，认为你"有能"，要"勿自私"，该怎样做？

【答】"知人者知，自知者明。"若能"诚其意""毋自欺"，自然就会对自己能与不能作出客观、理性的判断。至于别人的要求和期待，但求无愧我心就好。

【问】感谢老师！

关于责善

【问】王老师上午好!学生最近听到"责善"一词,搜索到一段原文:"责善,朋友之道也;父子责善,贼恩之大者。"大意是,朋友之间可以相互劝勉,父子如果责善就会疏远。

学生有两个疑惑:

一、责善是否只适合朋友之间,夫妻、父子之间可以吗?

二、原文说的责善跟《弟子规》说的"善相劝,德皆建"是否有区别?

【答】天伦关系,基本都不适合"责善"。"责"有监督的成分,会导致亲情受伤,关系疏离。

劝善,可听可不听,不带有监督意味。

"老子天下第一"

【问】王老师好！这几天听到男女老少都会讲的一句话："老子天下第一"。为什么不论男女都这么说？这句里面的"老子"最早所指的是谁？圣贤老子？父亲？我？突然好奇这句话是从哪里来的？望老师有空时帮助解惑。

【答】从哪里来的，不太清楚。十有八九是自我膨胀的结果。

【问】为什么很多男性喜欢自称"老子"？

【答】膨胀嘛！

【问】就这么简单呀？！是我想复杂了。

【答】道家的圣哲老子，崇尚无为，抱朴、守柔、处下、不争，所以是不会自称"天下第一"的。如果别人这样恭维他，恐怕也不符合他的真实心境。

社会生活

也说"ME TOO 风"

【问】王老师好!学生有一疑惑想请教您。学生这几天有关注"ME TOO 风"(性骚扰),今天看了 CM 姐的分享,在想诸如此类的新闻该不该报道?

虽说"道人善,即是善;扬人恶,即是恶",但像 CS 疫苗事件曝光后,也拯救了不少无辜百姓。还引起政府重视,规范监管制度。只要这种报道客观公正,不以偏概全,初衷为大众而非炒作跟风,是不是也应该报道出来?还能起到警醒作用,"见人恶,即内省。有则改,无加警"。

【答】你是单纯探讨这个道理,还是有料要爆?

【问】末学身边确有此类鲜活案例,但今天不是想爆料,而是真想探讨。

【答】善恶如阴阳,此消彼长。恶现象之所以比较多,究其根源,还是因为扬善扬得不够。

要想治本,还是得抓教育,尤其是从优秀传统文化的德育工作入手。

子曰:"道之以政,齐之以刑,民免而无耻。"假如没有树立正确的价值观,人到了"无耻"的份儿上,法治一松,依然会旧病复发,

解决不了根本问题。

当某种恶成为社会普遍现象,久而不治,积压到一定程度,自然会有一根导火索将其引爆,震惊世人,以引起重视。

惩奸除恶,除了可以还受害人公道之外,还有震慑作用,令内心有鬼的人不敢太放肆。但其内心之"鬼"——坏心眼,如何去除,让他从不敢变成不想呢?

对于一般人来说,如何规避风险?一要提升自我保护意识,二要采取必要的防范措施。还有一条很重要,那就是要具备火眼金睛,学会知人、识人,"如见其肺肝然"。识别清楚之后,进行人品差评标记,并与之保持足够的安全距离。

优秀传统文化能培养"智仁勇"三达德,教人学会做人,做正人君子,做利而不害也不受他人伤害的人。

【问】学生大概明白了,整治世风,德治为主,法治为辅。治病须治本,去除人内心之"鬼",让其从不敢到不想,还是要靠优秀传统文化的德育工作。

遭遇"咸猪手",应该怎么办?

【问】老师晚上好!今晚跟领导和部门的小伙伴聚餐,但是多次遭遇领导的"咸猪手",并且确定他不是因为喝多无意碰到,内心感到既恶心又害怕。我应该怎么去处理这样的事情?请老师赐慧!

【答】自己的浩然之气去哪里了?

【问】因为今天一桌人里还有几位其他领导,我不敢太过于直接,让其他人察觉。我正好坐在他旁边,也悄悄让邻座的女生往她那边再挪一点儿;在他再次向我伸手的时候,我推开了;但是过了一阵,他又似无意地碰我。当时,我直接站起来,跟其他领导做了自我介绍,就说有事得先走,然后就先行离开了。

在工作中,我觉得做好自己的事就好,但是内心会介意,甚至生出厌恶的情绪。不知该怎么去面对他、跟他交流了。

【答】"同是人,类不齐。流俗众,仁者稀。"现实社会,就是这样,要学会去适应与自我保护。关键还在于涵养自己内在的浩然之气,让人望而生起敬畏之心,不敢造次。必要时,正色以告,请对方放尊重。

【问】好的,老师,受教了!我不能因为他人的过错而让自己承担责任,我应该正气凛然地直接跟他说明这个问题。感谢老师!

（18分钟后反馈，已通过微信，有理有利有节地正告对方"你过分了""请放尊重"……详情省略123字。）

【问】老师放心，我会好好的，继续加油！

【答】加油！

逝者如斯夫

【问】老师,我有个困扰了很长时间的问题,想请教您。我们地理课经常讲到XX地区的经济开发。XX地区有很多少数民族,他们居住在大山深处,有非常独特的生产生活方式和风俗习惯。该地区也有丰富的矿产资源,值得开发利用。但是经济开发往往会破坏原有居民的生活方式和风俗习惯,甚至会让那些少数民族失去原有的纯正风俗。地理老师说,经济开发和落后的生产生活方式是相矛盾的。

我想问,经济开发和古老民俗文化的保护是否真的是相抵触的?如果是,二者何为重?如果不是,如何让二者共同发展?

【答】保护性开发,也就是要在生态文明的体系框架内进行开发。开发是早晚的事。

【问】那古老的生活方式会不会渐渐消失啊?

【答】会的。

【问】这样的消失,值不值得惋惜?

【答】"逝者如斯夫",一切都会成为过去的。

【问】过去的应不应该被纪念呢?

【答】一切现象层面的东西,都会发生变化,应该随它去。而本质层面的东西,不生不灭,不受时空限制,才真正值得拥有。

【问】好像明白一点儿了。

【答】"君子儒",务本求道;"小人儒",寻章摘句,感时伤怀。

【问】谢谢老师赐教。

多整点儿有用的

【问】敬爱的王老师，很抱歉打扰您了！学生遇到个事情，感到很困惑。2018年，我申报了XX大学人力资源管理专业。为了论文能顺利通过，我还特意报了培训班。在结果出来之前，按学校导师所给的分数，我在11个人里排名第三；培训班的老师则说，他所辅导的5个人里，我的论文是最好的。可是，最后偏偏就我一个人没有过。老师们也都挺诧异的，但这是评审组所做的最终决定，无法改变。三个月夜以继日的努力付诸东流，失败的原因不得而知，也没了再写一次的底气。"行有不得，反求诸己"，我想是不是因为自己的德行不好，导致福报和运气不够呢？我到哪里去找原因呢？该从哪个角度去思过呢？真的好迷茫啊！所以来请教您，您一定可以从远的、深的方面看到我的一些问题。我是不是冥顽不化啊？还可以被点化吗？

【答】这个论文过了，有什么用吗？

【问】提升学历用的。

【答】提升了学历，有什么用吗？

【问】主要是把它看得太重了，投入的太多了，不甘心！

【答】不甘心，有什么用吗？

【问】唉，确实没用！我昨天又报名了，找不足，再继续吧！

【答】没事多整点儿有用的!

【问】自己学历太低,不好找工作;原行业大规模削减业务,进行裁员,出来后只能找跟销售相关的工作,可自己又不擅长;其他行业,又被各种门槛卡着。所以,只能顺着社会要求走,否则以后也是个麻烦。

我现在又怀老二了,一直是先生一个人在养家,压力也大。所以,我寻思着趁这段时间提升学历和技能,以后好找工作。可能福报不够,想得太美了。

【答】佩服!

【问】我现在明白您说的"有用的"东西了。其实,根本的东西没有学到,以后无论遇到什么不如意的事情,都还会是这个样子。这件事情只是个表象,内里其实就是自己的心境。有啥用呢?想开了也没啥,大不了再来一次,就当对境炼心吧,或许那才是一辈子都"有用的"东西。

小保姆辞职

【问】学了一个星期传统文化，前天一回家把理念传播出去，并与家人一起实施。唉，才一天，今早小保姆辞工不干了，说不是人做的事情！

【答】你都让小保姆干啥了？

【问】以礼待人，早起早睡。我们全家从老到少全部6点起床，老人做早餐，我带小孩跑步，叫小保姆打扫卫生。

【答】继续说。

【问】妹仔大过主人婆，我们个个都早起，而她不愿意；午休后我们个个2点半起床工作，她偏要4点才起床；孩子晚上10点已睡觉，她偏要玩手机到三更半夜。还要怎样迁就她呢？

【答】确认她来你家是做保姆的吗？

【问】当然！

【答】说明这是一个很有个性的保姆！

【问】她要按她的方式去做，没办法，孩子跟她睡，离不开她。

【答】还有吗？

【问】我已劝小保姆万事好商量，可以慢慢来，或者用别的方式解决，小保姆又说要回老家与妈妈在一起。我说："你在老家赚不了多少钱，怎么养妈妈和弟弟妹妹？"她说："就算我赚再多的钱，不能陪伴妈妈又有什么意思呢？妈妈需要我。"之前还说爸妈整天吵架，不想回去，走得越远越好，反正寄钱回去供弟弟妹妹读书就行了，现在突然又改口。我想这是借口，可能接受不了我对她的批评，耍小孩子脾气。问她什么时候回来，她说不确定，也许永远不回来。现在我该怎么挽留她好呢？加工资行吗？她不是个贪小便宜的人。我甚至说："只要你能照看好小孩就可以，其他你想怎样都随你吧！"但开弓没有回头箭，她仍然坚持要走。我真的很想挽留她呀，因为她是我从国外带回来的，小女儿一直和她玩得很好，而且用全英文沟通，国内保姆做不到的。小女儿是外籍，必须学好英语，我要工作，照顾不来的。

【答】你的女儿需要的是良好的教育，而不仅仅是语言的问题。陪伴你女儿的人性情如何，将会对她产生最直接的影响。

【问】明白，受教了！

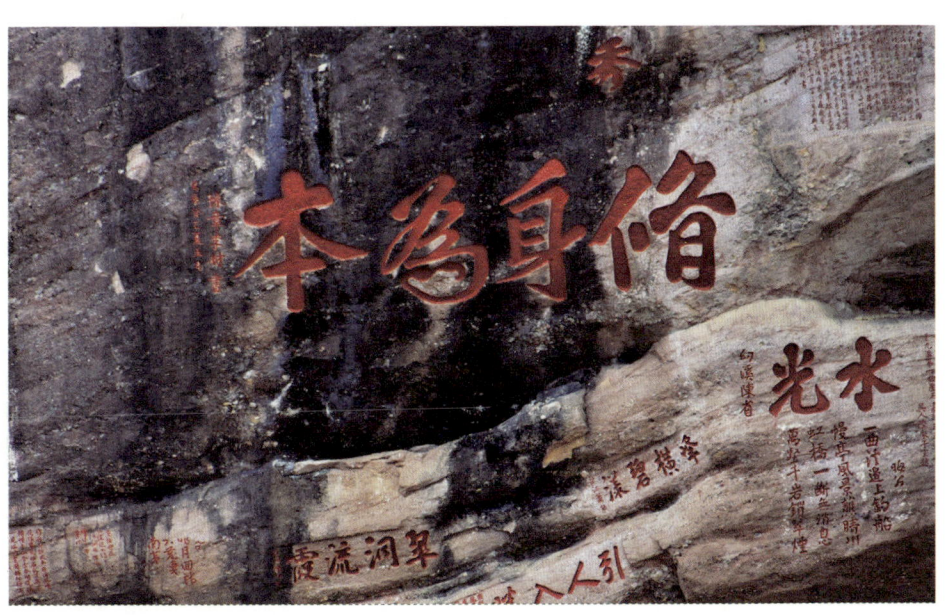

这种情况,谁来劝?

【问】王老师您好!最近遇到一位学长,总是喜欢在吃饭时侃侃而谈,唾沫米饭横飞。大家都尴尬地护住自己的碗,但又不好明说。怎样才能让他认识到自己的行为不礼貌,又欣然接受劝告呢?

【答】由他敬重的领导、长辈去教导,或者由他宠爱的儿女去劝谏,或者由他信任的朋友去提醒,比较好。其他人,若够不上进言的资格,强行提醒的话,难免尴尬,且容易结怨。

【问】明白了。

结婚要看属相八字吗？

【问】亲爱的老师，晚上好！请问，结婚真的要看属相八字合不合吗？我属猴，对象属猪，家里有人说到属相的问题，说猴和猪不是很合，有这种说法吗？老师，我这算不算迷信呀？

【答】看猴和猪的缘分够不够深吧。

【问】怎样才能知道缘分够不够深啊？

【答】就看彼此是否愿意无条件地心疼对方，为了让对方幸福肯付出一切！

【问】老师，您可以算八字吗？我现在想结婚，又不想结婚。

【答】想结就结，不想结就不结。

【问】就是内心有点儿不安定，想结婚又有点儿恐惧。

【答】你自己"叩其两端而竭焉"呗！

【问】"竭焉"什么意思？学生不懂。

【答】竭焉——水落石出。

【问】好的，知道了。

【答】目前你们的感情还不到位。感情真到位了，一个非她不娶，一个非他不嫁，啥八字也不好使，啥属相也无所谓。

【问】学生明白了。

家家有本难念的经

【问】王老师,我们一个同学离婚了,找了一个年轻的,生了老二,今天过百天,他这是不是和仁义礼智信相违背?我心里挺腻歪,觉得他这是以丑为美,不想参加庆贺,妥否?麻烦老师指正。我还是顺着他的"道",应付一下?期待老师回复。

【答】家家有本难念的经,人人有本算不清的账。与其评判别人,不如理顺自己。

【问】嗯,做好自己。

【答】人情世故,礼尚往来,看着办。

【问】嗯,谢谢老师!

文以齐家

如何面对父母至亲？

父母在，人生尚有来处

【问】王老师，早上好！请教一个问题。"父母在，人生尚有来处；父母不在，人生只剩归途。"这句话是感叹人生，还是包含孝道在里面？

【答】你的脑袋是用来睡觉的吗？

【问】这句话让人不由生起悲伤，让人珍惜父母的恩情。人生有很多责任需要去担当，如果这句话时时在心里，倒是不可能跟父母有什么不同意见；父母怎么讲话，怎么表现，都不会在乎。只要和父母待在一起，内心就会有感动和暖流，与他们的言语无关。

这句话如果常在心里，好像一下就让人沉静下来，为人处世更接近中庸；好像也不觉得有什么好生气的了。

【答】嗯，我现在认为，你的脑袋不光是用来睡觉的了！

如何跟老母亲相处？

【问】年前把老母亲从我姐那里接到我这里，住了快半年了。我总感觉紧张，怕得罪她老人家。我一直都在外边工作，从来没有跟老母亲在一起待这么长时间。刚好又赶上疫情，几个月里，我经常跑到工作单位去看书。我总是琢磨着怎么才能跟她轻松相处。想请教一下老师，我应该怎么做？

【答】你小时候跟母亲相处得怎么样？

【问】我初中开始就在外地读书了。

【答】你没长期跟母亲在一起？

【问】我家兄弟姐妹六个，三女三男，我是家里面最调皮的，回去都是不着家的，就想到外面玩。

【答】就是从小缺少和母亲长时间的相处，是不是？这也难怪，有一点儿紧张是正常的。但现在作为一个以事实为依据、以法律为准绳的法律从业者，我们要调研一下，当事人——老母亲——有没有真的被我们得罪啊？

【问】前几天得罪了她一次。

【答】你得罪她了？来，请举证，你是怎么得罪她的？

【问】怎么说呢？我想想怎么表述这个事……

【答】你的每一句话都将成为呈堂证供！

【问】平时家里请阿姨打扫卫生，都是一百块钱一次。母亲都会算好时间，阿姨打扫卫生两个小时，她就觉得是五十块钱一个小时。那次阿姨干了三个小时，她就做主多给了五十块钱。我不能说给这五十块钱不应该，主要就是感觉母亲擅自做主，就说了她两句，她就很不高兴。

【答】你批评她了？认为她无组织、无纪律，不经过财务审批就擅自支出？我跟你说，家事和工作上的事，是两种感觉，遵从两种规则，家是讲"爱"的地方，不是讲"理"的地方。家人相处，无论是父母

文以齐家

子女，还是兄弟姐妹，还是夫妇，其实都一样，你不能讲太多道理。你看过徐峥拍的《囧妈》吗？我建议你看一下那个片子——儿子和老妈相处有多难受，最后又是怎么化解的。那里头会给你启示，会给你答案。你老母亲多大年纪了？

【问】八十。

【答】春节联欢晚会有一部经典小品，是老艺术家严顺开和《渴望》的女主角张凯丽——演刘慧芳的那个演员——合作的，说对待六十岁以上的老人要像对待小学生一样；对待七十岁以上的老人要像对待幼儿园的小朋友一样；对待八十岁以上的老人要像对待婴儿一样——这点儿事，你心里没数吗？回归真情就好，剩下的其实没啥毛病。

谁知婆心

【问】老师,学生有困扰,不知如何解决,想求助于老师。

事情是这样的:公婆从老家过来给带孩子。婆婆的性格和能力都很强,家里的大小事情都是婆婆做主。婆婆虽强,心里却总渴求得到公公的关爱,可公公从来不会给予婆婆所渴求的关爱。所以,婆婆非常怨恨,恨得咬牙切齿。

婆婆经常在我晚上下班之后跟我聊天,总是聊着聊着就聊到这些怨恨的事情上来。我刚开始接受不了婆婆这样去说公公,不想听,也不理解婆婆。后来我又想,我就做个倾听者就好,不用发表意见,她把憋在心里的话说出来了,释放一下就好。但我发现长期下来,我开始承受不了,精神快要崩溃了。

今天下午我也没心思去工作,看着熟睡的儿子,想想我的先生,怎么感觉有点儿莫名的恐惧呢?心中念着"我心归零,万物自然归零",希望自己能有足够的智慧去化解一些东西,让忐忑的心安定下来。

但我怎么感觉今晚、明晚或再过几天的晚上，婆婆依然会如从前一样，灌毒般地讲述公公的种种不是或传递怨恨于我呢？

我好想起来反抗：公公就算如您所说，但他毕竟是您的丈夫，是我先生的父亲，是我孩儿的爷爷，您说这些难道是希望我们仇恨他吗？我特别不理解婆婆。

老师，请问我该怎么办？老师，您要批改作业，我还打扰您，真的很抱歉。我知道我要以积极的心态去面对，我想快点儿调整好，让自己真的能帮到家里人。感谢老师！

【答】试着去体会婆婆曾经遭受的苦难。

【问】婆婆遭受的苦难，那真的不是一般人承受得了的。老师您这样一说，我想着她的苦难，眼泪就在眼眶里打转了，太不容易了！

【答】多给婆婆一些安慰和拥抱。

【问】谢谢老师！希望我们家经营得越来越好，我想自己是能做更多的，也能做得更好。下午想着婆婆的不容易，又想到她为儿子操劳，为家里操劳，同时也很为我操劳，瞬间就流泪了。婆婆经常对我们呐喊，希望我们能够清醒，并且走在道上。我感觉她有点儿激动，有点儿激昂，我有点儿不习惯，但这呐喊声背后却是她对这个家、对家人深深的爱。我真心希望婆婆健康幸福，也祝福我们家的成员都健康幸福。

谢谢老师！老师，您真的是超级厉害，您时刻提醒学生"还是要多关心TA"，不要把自己放在心里，以体谅他人为重。

说话尖酸刻薄，怎么治？

【问】王老师，您好！我想请问一下，我对至亲之人总是脾气特别不好，很容易因为一点儿小事就刻意说些尖酸刻薄的话刺激他们，这样的我是不是缺乏教养，还是有毛病？只因为自己心里不舒服，就让家人各种不舒服，我是没救了吗？

【答】心魔作祟。

【问】怎么办？这样都觉得自己是魔鬼，好可怕，跟人相处不了。我一直念叨"我心归零……我心归零……"，可还是忍不住爆发。

【答】从念好、感恩做起。

【问】我试着磨一下自己，谢谢您！

【答】学会念至亲之人的好，感至亲之人的恩。想想他们曾经和正在为自己付出的点点滴滴……

【问】感谢王老师耐心教导！我是自私到了极致，哪怕只有一点不合自己心意，就对家人全盘否定。再不改，估计也是要大祸临头的。

一家子都很固执，怎么办？

【问】老师，每次过年回家爸爸妈妈就吵架，看着我就烦，怎样处理会更好？经常吵个不停，他们谁也不听谁的意见。我发现一个问题：我家每个人好像都听不进别人的意见，太固执了。

【答】那是为什么呢？

【问】我也不知道，感觉我们这个小家族的人都是很固执的，两个叔叔也是，生下来的小孩也是。

【答】你自己呢？

文以齐家

【问】以前我也是这样的，后来在老师的监督下改了很多。

【答】哦。

【问】老师，一家子都这样怎么办？我觉得这个问题很严重。

【答】从我做起。

【问】老师，可以教我怎么做会更好吗？

【答】唯天下至诚为能化。

【问】用至诚之心去感化他们？

【答】对呀！

【问】我发现自己是老改老犯，有时候能用至诚之心去感化，有时候脾气不好的毛病又犯了。

【答】父母的状态，是医治儿女身心之"病"的一服药。

【问】就是要以一颗孝心去做，为了他们好，是吗？

【答】首先是不挑他们的毛病。

【问】唉，我真是太不孝！最近老是挑他们的毛病，觉得他们说话大声，做事不细心，又不用脑子。

【答】无论他们怎样表现，都表示理解，并欢喜接受。

【问】啊？虽然是不好的，但先接受，然后慢慢地去感化他们，让他们改，是吗？

【答】不要用我们的标准去衡量他们，不要先入为主地认为他们有什么不好。要理解，他们有他们的成长环境、人生阅历，他们也是不自觉地被塑造成今天这样。谁也不要埋怨。

【问】原来是这样！是我太急于改变他们了。我的性格挺急躁的，一急，做事就不用脑子了，要怎样改才好？

【答】采用"读书三昧"法，坚持诵读经典，把心沉静下来，把节奏和缓下来。

【问】原来是这样呀！其实，我接触传统文化四五年了，一直都在学，我也知道是好东西，但总是深入不了。

及时止损

【问】王老师，您好！末学接触《弟子规》后，按照经典的要求去做。父母希望我买套房子，最近就定了一套。可刚交完定金，该公司董事长被曝出事，增加了风险。目前我首付还未交，末学不知道如何做才能令父母安心，请老师百忙之中开示一下！

【答】卖房子的就这一家吗？

【问】不是的。已经交完定金，是不能退的。

【答】不要定金，会影响生存吗？

【问】不会，但有些心疼。我已经知道如何去做了，谢谢老师！

【答】如何做?

【问】果断舍弃定金,买一套靠谱的二手房,也许不如这个好,但父母能马上见到房子。

【答】这么快就不心疼了?

【问】如果到时候出了问题,爹娘更心疼啊,这个风险我担不起!我也想过,如果是父母遇到这样的情况会怎么做,他们会拼命地去要回定金。

【答】及时止损更重要。

人都能那么无私吗？

【问】老师好，您觉得我和我对象的家人该怎么相处？我一直想的是老死不相往来。

【答】事诸父，如事父；事诸兄，如事兄。

【问】人都能那么无私吗？

【答】愿意，就能。

【问】可能这就是我的问题。

老人病重无望，怎么办？

【问】王老师，早上好！请教一下，老人病重无望好转，医疗费用越来越多，作为子女，应该如何做？目前还有两个老人健康活着，还有一个六岁的小孩需要养,自己逐渐变老,公司也要维护。现在虽然有些家财,但不足以应付将来可能出现的新情况,真的不知道怎么应付。

【答】全力尽孝,不可留有余地;理性救治,不宜过度医疗。

现在,从过去走来;未来,从现在迈进。

把握当下,抓住根本。

【问】收到了,老师!我明白。全力以赴,实在不务虚。谢谢老师!

如何面对让自己难受的"另一半"?

他老不理我,怎么办?

【问】老师,晚上好!明知您很忙很累,但学生愚笨,还是想向您请教。

上周日教师节聚会,我已提前两天征得先生同意,那天晚上近9点结束,回到家10点多。跟先生打招呼,他不理我;我照常给他泡好咖啡和茶送过去,再跟他说话,他还是不理。

第二天早上向他问好，做好早餐送过去，他没声音也没表情；上班帮他按好电梯，送他进电梯道别，他也不理。

下午下班回家，吃饭期间，我两次试图找话与他说，也关心地问他怎么不开心了，他还是不理；昨晚热水器短路，没热水了，我问他情况，他就用很凶的语气对我说话。

到今天已8天了，不管他怎么对我，我都一如既往地每天早晚问安，每餐送到手上，出门送上电梯道别。说真的，心里真是很平静，没生气，天天笑脸相迎送。

学生不知道问题出在哪里，这个扣该怎么解，也不知这种状况还要持续多久，请老师指教！

【答】唯天下至诚为能化。

【问】学生谨记老师教导，感谢老师！

鞋子合不合适，只有脚知道

【问】老师，我可以请教您一个问题吗？我和先生已经很久没有说话了，不知接下来如何继续这么冰冷的日子，离婚是否不符合传统文化所讲的根本大道？希望老师指点迷津！

对于家庭，我没有尽心尽责，做错了很多事情，到这种地步也是自己罪有应得，并没有什么想不通的。婚姻没有对错，一切都是自己的修行所致，只是人生苦短，像这样在一起煎熬了十年也无法修复如初，是否该放弃了？也许，另一种生活的选择更有利于双方的身心和谐与健康。

【答】自己把握，我没法替你拿主意。鞋子合不合适，只有脚知道。

【问】如果不合适，就可以分开吧？总觉得离婚对不起父母，也对不起公公婆婆和孩子。可自己也无力去修复感情，已经尽力了。

【答】顺其自然。

【问】不知道什么是自然。

【答】自己慢慢参悟。

【问】阴阳和合是道，也是自然。不知什么样的阴阳在一起才能和合？

【答】该说的我都说完了。

【问】鞋子合不合适，脚知道。传统文化倡导"反求诸己"，难道是需要"修脚"，而不是"换鞋"？

【答】自己的命运自己把握。该教的我都教了，自我不突破、不开悟，没有人能替你做主。

【问】遇到一双新鞋，看着很合适。如果脚上的鞋子不合适，新鞋也不敢试，该如何突破呢？是积德行善，莫问前程吗？

【答】德者，本也；鞋者，末也。

【问】老师，德是本，鞋是末，那脚是什么呢？

【答】你的脑袋是用来睡觉的吗？

【问】现在还没醒！

【答】笨得跟某种生肖一样！

【问】鞋子千千万万，不是鞋子有了问题，自己的脚，自己负责。

学生是标准的37码脚，本来很容易选择，是自己欲望太多，又要款式，又要舒适度，又要品牌形象，又要性价比，怪不得这么难，这么纠结。

老师，本来很痛苦，凝重的问题经您一点拨，多年的雾霾散去，心情变得很好。

"想不想"与"能不能"

【问】随着工作越来越忙,我对感情也越来越麻木和无所谓,两人之间本来就没有多少共同语言,渐渐地就更加冷漠冷淡,以至于婚姻家庭成了名存实亡和形同虚设。直到去年初,我意外得知另一半出轨了,当我打电话跟TA进行确认时,TA说对不起,一切都是TA的错,希望我能原谅TA,并尊重我的选择。依我的个性,唯一的结果就是离婚,但怕伤了父母和孩子的心,还是对父母和孩子隐瞒了实情。可是,自己内心波浪翻腾,痛不欲生,不知道如何面对这突如其来的变故。恰逢来到蓝态学习,看到很多夫妻重归于好,我也开始生起慈悲心,想原谅TA的一切。虽说放下了怨恨和冷漠,但难以有亲密的行为,一想到过往,心里就像吃了苍蝇一样难受。老师,接下来我还要继续突破吗?我实在不知该如何归零,又不想过麻木不仁的生活。

【答】思考一个现象：人的手，什么都会触及，比如穿袜子、拎垃圾以及如厕善后处理等，都离不开手的参与，可回过头来用餐时，你用手拿碗筷拿食物，为什么还吃得下去呢？为什么不对曾经触碰过的那些脏东西念念不忘耿耿于怀呢？包括你洗脸、化妆，为什么用曾经触碰过脏东西的手直接接触自己特别爱护、在意的脸面时，没有心理障碍呢？

【问】老师，感情的事和其他或许不一样，就像希望自己的心灵和灵魂至纯至真一样，不希望两人的世界有垃圾。

【答】你那是幻想！

【问】上过厕所的手，脏的是自己的胃口，但不会伤及心灵。

【答】你上过小学吗？学过语文吗？听说过比喻吗？悟性还是那么差！

【问】两个人在一起，真的很难接受另一半的不忠。

【答】吃饭时用的手，和上厕所时用的手，都是自己的手，但上过厕所洗完手，你就不会一直惦记着手接触过什么。这里边有一个关键步骤，就是洗手！洗过了，你就认为没问题了。洗前种种譬如洗前死——以零作为终点；洗后种种譬如洗后生——又以零作为新的起点。

要不要接受，是你的权利和自由，但能不能接受，属于悟性和修心的水平问题。不能接受另一半的不忠，从内心世界的活动原理说，和吃饭时老想着厕所是同样的道理。

【问】老师，您的意思是：手还是那个手，归零了，就是新的开始。以前的既往不咎，以后的无从知晓，只要还喜欢这只手，就不要在乎过去是什么，因为过去已经不存在了，对吗？

【答】纠缠已经过去的过去，是自寻烦恼。从我做起，把握现在，面向未来，用心经营、打理好自己的感情、婚姻和家庭，才是素其位

而行。

【问】老师,我明白了,纠缠过去是愚昧无知和大可不必,时光不再来,活在当下的幸福里比什么都重要。感谢老师谆谆教诲!

【答】如果对方已经请求过你的原谅了,而你自己也还认可TA这个人,还能一起共度余生,那就不要再纠结了,像《渴望》主题曲唱的那样:"恩怨忘却,留下真情从头说。"这,才是真正的归零!

【问】老师,经过您的点拨和教诲,我已经放下怨恨,也放下了恶心,可以既往不咎。但学习传统文化的我,因为价值观的变化,可能面对TA时会有两种情况:一种是TA接受传统文化,一种是TA继续自我,不接受传统文化。假如是后者,那我是不是还要重新选择有共同价值观的伴侣来度过余生呢?其实,我是特别希望和学习传统文化、价值观一致的人在一起生活,这样才能真正做到琴瑟和鸣,相濡以沫,共同成长，共同进步啊！

【答】想和什么样的人一起生活，是你的权利和自由；但能和什么样的人一起生活，要看你的福报和缘分。

【问】老师，您说得很对，顺其自然，活在当下，不纠结过去，不忧虑未来，忘我地奉献，修德修身为本，尽己所能为社会做有益的事情，一切都会水到渠成。

我高八度，他十八度

【问】王老师，您好！请教一个家庭成员关系的问题。我和我家先生总不能好好说话，比如刚才他问我："今天回家吗？"我回答："我不回家，干什么去？"他说："你就说回家不就得了！"他有时候也这么回答我，反正就是互相挑着劲儿说话。怎么办？

【答】你今年几岁了？

【问】我50啦。

【答】那还小呢，先任性着吧。再任性个50来年，就不挑劲儿了！

【问】我们家各方面都算顺利，就是我和那个老头子经常高八度说话。

【答】那个老头子看来挺好欺负的哈！

【问】我高八度，高着高着，他就十八度啦，然后我就生气。周而复始吧，怎么开始闹矛盾，怎么结束，基本上每次都是一套模式。

【答】那你们两口子可以搞一个组合，主打歌曲《青藏高原》，直接从"呀啦嗦……"开唱；还有京剧《四郎探母》，直接唱"叫小番……"

【问】哈哈哈！

（约一个月后）

【问】和您聊了以后，我认真做了反思。

【答】愿闻其详！

【问】就是先改自己，先把调儿低下来。

【答】哦，那实际上改了吗？低了吗？

【问】声音高八度，还是不自觉地认为在思想上、心理上占据优势地位。但对方不认同你自认为的优势，所以感觉不舒服，憋气儿，然后就你一言我一语地升级。也就是说，还是有好胜心。通过自我批评，觉得需要改，也应该改。夫妻应该是一个整体，你就是我，我就是你。

【答】认识有点儿深刻！那个老头子现在什么反应？

【问】有所改善，但免不了历史重演。那个老头子不知道我在改。

【答】有没有逼着他改？

【问】逼他只是徒劳。我把自己当年轻人，我还在进步的过程中，让他随着我的改变而进步吧。

【答】我只想说：路漫漫其修远兮！祝你越来越年轻！

【问】嗯！谨记：路漫漫其修远兮！记着保持低调！

做个"大人"

【问】老师，早上好！实在抱歉打扰您，有一个问题请教：每次先生小小的行为举止都会引起轩然大波。比如：他要我把工资拿一部分给他还信用卡；他在学习期间，两个晚上跟有劣迹的学员悄悄出去消夜喝酒。当我听到这些时，心里开始不舒服，然后吵架，一晚上睡不好，就特别想回到一个人的生活，我是不是真的有病？我的问题到底出在哪里？请老师帮我指导下，真的快要窒息了！

【答】好而知其恶（è），恶（wù）而知其美。

【问】我也明白这个道理，可有时就是控制不住自己。如何才能把心量练大？

【答】多受委屈，自然撑大。

【问】我发现我越撑越小，可以选择离婚吗？

【答】那是你比较任性，不肯格物，内心被自我充满，哪还有容人之量！

【问】您说的我都接受，现在我只想找到解决方法：破除自我最好的方式，是把自己奉献出来——这样正确吗？

【答】少计较个人得失，多关心对方疾苦，做个"大人"。

【问】之前我觉得自己离"大人"不远了，现在倒是享受像个小孩的感觉。

【答】那就还会继续受煎熬。

恋爱调频

【问】王老师好，我想向您请教一个问题。为何和别人聊天可以想聊啥就聊啥，没有任何顾虑，但是和对象聊天就很谨慎，导致不知道聊啥，甚至没什么话说？

【答】没调准频率。

【问】怎么调啊？

【答】以对方之心为心。

【问】他近期都较忙，我也不敢去打扰他。也能够理解，但就是觉得空落落的。

【答】哈哈，少女的失落。

【问】那怎么办呀？

【答】他离你多远？

【问】他在 XX 公司，QF 那边。

【答】可以用写信、邮寄好吃的点心或剃须刀等男生用得到的东西，来填补不在一起的空白。前提是，你觉得他值得你爱，值得为之付出。

【问】好的，明白了，谢谢老师！还想弱弱地再问一下，如何判别是否值得为之付出啊？

【答】首先是"贤贤易色"，其次是他对你的在乎程度。

【问】好的，感谢老师！

婚姻的价值是什么？

【问】老师，婚姻的价值是什么？

【答】合二姓之好（《礼记·昏义》）。

【问】现实很残酷，不好的部分呢？

【答】不好的部分，借事炼心，彼此互相成就。

【问】喜欢了不该喜欢的人，怎么办？

【答】得到了不该得到的，就会失去不该失去的。

谁来"做太阳"？

【问】王老师，早上好！想请教您一个问题。关于夫妻，有人说："女方一定要把自己男人看得像太阳一样；女人必须做好大地，厚德载物，包容一切。"目前我很困惑的问题：

（一）我家的男人不想承担经济责任，家里许多大的开支都是我在负责。可能是他业务能力有限，只要是大事都让我承担。

（二）他只是管家里小事，比如做饭、接娃等。

（三）长期这样的模式，我有时心里会累，就会想：为什么我的男人是这样的呢？我也想当小女人，让他来做太阳。

现在感觉我们的位置倒过来了。

【答】你给他"做太阳"的机会了吗？

【问】给过他很多机会，但就是不行，可能是他原生家庭的原因。我的公公也是很老实、不求上进那种，所以教育出来的孩子都是这样的，不求上进，有依靠就靠。

想问问老师，怎么办呢？补充一下，我们家买房、开公司等都是我来决定的，他没有一点儿想法。他很享受现在的生活状态，不发愁，好像什么事情都有人来承担。

【答】那你当年是怎么看上他的？为啥嫁给他？

【问】因为人好，没有别的。当年，他一无所有。

【答】现在人还好吗？

【问】人很好，还是那么好。这点非常好，对家人都好。

【答】那你知道很多人家的"那个人"，虽然非常能干，但是现在已经"不那么好"了吗？

【问】知道。所以，我们总的来讲是很幸福的家庭，只是我有点儿困惑。请问一下，是不是继续这种方式？但是，和有些传统文化老师讲的不一致——"女方一定要把自己男人看得像太阳一样；女人必须做好大地，厚德载物，包容一切。"

【答】新时代，女性地位提升了，女人也可以成为一家之主，顶

梁柱；男人也可以成为默默无闻的贤内助。

【问】收到，老师！受教了，通了，我们一定会好好的。感谢遇见您，让我们的生活充满阳光和滋养。

【答】不要把问题看得那么绝对。知足常乐，和合为要。

家有"熊孩子"

孩子的教育问题让我趴在了地上

【问】王老师,早上好!现在孩子的教育问题让我趴在了地上。

【答】问题表现在孩子身上,但根源不在孩子那里。

【问】是,但我一直找不到方向,我也在践行"我是一切的根源",可情况越发严重了,孩子已经14岁了。

【答】当父母的,要诚心认错、改过。

【问】能想到的错误点都想了,也带他爸爸一起改变,孩子还是懒得跟我一言半语,不知如何才能打开心结。现在又迷上了手机,手机收不回,一副要命的样子,身体都搞垮了。一个小孩子,眼睛无神,飘忽了。

【答】当父母的,要诚心认错、改过。

【问】是的,但不知如何才能达到孩子心目中诚心的标准,也希望能把他带到王老师您的课堂,我们一起领悟。

【答】先能感动自己……

【问】"长长的路,慢慢地走;时光很急,不要等到一切来不及。"王老师,这就是我现在的心理状况,希望平静又带着焦虑。

【答】"归零"才是唯一出路。

到底是谁顽固不化？

【问】王老师好，我女儿老说"传统文化不一定对每个人都有用"，看来这丫头还不是很认可传统文化。

【答】传统文化不一定对每个人都有用——这话说得没错，事实的确如此，并不是每个人都会对传统文化买账！

【问】好可惜！像这样顽固不化的人，我得多积累福报才行！

【答】自己化了吗？自己不顽固了吗？

【问】没有，每个人都有根深蒂固的东西，总拿着电筒照别人，看不清自己的污迹。

【答】学了这么久，还对自己的孩子耿耿于怀，有意思吗？

【问】感谢老师教诲！其实孩子真是改变了，让我很欣慰。

问题到底出在哪里？

【问】老师，您说絜矩之道、恕道，我也常常反思：虽然小时候自己也有些倔强，但至少学习态度还是端正的；大人的话虽说有些不爱听，但事后觉得有道理的还是会默默地去改。可为什么我的儿子会这样呢？在家上网课一边哼歌一边听课，一边抖腿一边做作业，我和先生也没有这些习惯呀！你让他学习态度端正一点儿，他说怎么不端正了，哼歌代表心情愉悦，愉悦才能学进知识；作业潦草，你让他写工整一些，他说我觉得很工整呀！明明就是睁眼说瞎话，还那么理直气壮，经常被他气到无语。

因为他作业潦草的事，好几个老师都发私信和我聊过，可感觉不管是老师还是家长，无论用什么方法都没有用，越来越潦草。不说他吧，还自以为是地得意；有时实在看不下去了，说他几句，他不听还顶嘴，说我自己觉得好就行了，又不是你的作业。真的快被气到吐血了！其实，他三年级之前的字还是写得挺好的，每年都有参加书法比赛获奖的，后来不知道为什么成了现在这个样子，我百思不得其解。

孩子的问题，我真的想不明白，问题到底出在哪里？要如何解决他目前这种反叛的心理和态度？请老师指点！

【答】"我也常常反思：虽然小时候自己也有些倔强，但至少学习态度还是端正的；大人的话虽说有些不爱听，但事后觉得有道理的还是会默默地去改。"——这种反思，是"伪反思"。如果只说前半句，去掉"虽然"，算真反思；一说下半句，加上"但是"，其实还是自我肯定与表扬。且不论事实如何，就这种隐隐地自我肯定与表扬，本身就是在给孩子树立模板，对孩子进行强有力的塑造——塑造得跟你一样，自以为是，自我感觉良好。

"你让他学习态度端正一点儿,他说怎么不端正了,哼歌代表心情愉悦,愉悦才能学进知识;作业潦草,你让他写工整一些,他说我觉得很工整呀!明明就是睁眼说瞎话,还那么理直气壮。"——这做派,这频率,啧啧啧……绝对是祖传手艺,专业"自美"二十年!

"你不说他吧,他还自以为是地得意,有时实在看不下去了,说他几句,不听还顶嘴,说我自己觉得好就行了,又不是你的作业。"——孟老夫子告诫我们,父子之间不责善!《中庸》曰:"唯天下至诚为能化!"《诗》云:"潜虽伏矣,亦孔之炤。"

【问】经老师这么一剖析,清楚地看见问题还是在我这儿啊!面对孩子,我还是多做少说,先修好自己、做好自己吧!

孩子不安宁怎么办?

【问】老师,我儿子要退学,说自己有臆想症,只想着以后有钱了是个什么样。他说他臆想了一个学期(高一上学期)——咱没人家穿得好,眼界窄,家里穷。他处在不安宁中。

【答】你安宁吗?

【问】老师,我不安宁。

【答】你不安宁,他怎么可能安宁!(推送链接《母亲情绪平和,是对孩子最伟大的教育》)

【问】谢谢老师!您一言击中了我,是我不安宁,我只是表面安宁,现在我该怎么办?

【答】继续表面安宁呗。

【问】我去和孩子们一起读《道德经》,我会带着觉察去做,不纠结了。老师,我感知到了您的力量!我不能表面安宁,要真正安宁,带给孩子们力量,感谢您!

如何护念孩子?

【问】老师,下午好!这个"护念"具体怎么做?与为孩子祈祷有什么共同之处、不同之处?

【答】上与父母及祖先同体,下与子女及后代同体——生命共同体,命运共同体。

【问】具体的做法呢?好好孝敬在世的父母,诚意祭祀祖先,用好的心念为孩子祈祷,为孩子做榜样,还可以做什么吗?

【答】要突破自我,不任性。

【问】怎样才是不任性?

【答】不被情绪和脾气左右。

【问】这个最难。

孩子沉迷游戏无法自拔,怎么办?

【问】老师您好!很冒昧,打扰您了。学生有一个非常苦恼又无助的问题,恳请老师帮忙指点迷津。

我儿子自从网课开始,只要我们父母一出门,他马上切换成游戏模式,想方设法下载游戏玩,或者看其他网络视频。不管是学校正在上网课,还是亲子读经班正在上网课,都这样。课在进行,他在玩

文以齐家

别的。

我们尝试相信他,全放开网,行不通。无奈,对电脑和iPad断网或者限定时段,也是防不胜防,他各种钻空子、改密码、隐藏下载;或者在我们回来前清理记录,我们一走他又开始下载了玩。经常打着学习的幌子搞他喜欢的东西。现在请爷爷奶奶过来帮忙照看,他依然如此。

我和先生尝试了各种方式的引导、教育、沟通,他依然我行我素。好好说也没用,问都不承认。正着说,反着说,挑明了说,摆上证据,他也不当回事。批也批过,打也打过,骂也骂过,反省也反省过,哭也哭过,罚也罚过,每次各种保证、检讨,都没用。后来选择跟他好好沟通,给他机会和时间,我说我们都愿意相信他能够改正和做好。每次出门前都和他说得好好的,他也答应得好好的,可是我前脚刚出门，他后脚又开始各种搞了。

老师，我应该怎么做呢？学生实在愚钝迷茫苦恼，唯有求老师百忙之中赐教。谢谢老师！

【答】引领孩子立志，"志不立，天下无可成之事"。

【问】老师，请问我该如何引领他呢？

亲子读经班老师们都上过立志课，引领过立志，可感觉他没当回事。我跟他举例子，想让他树立正确的人生观，他就跟听娱乐新闻一样，八卦一下就完了。给他看一些教育类的视频、感动人的视频，可感觉他走不了心。

【答】我让你立志，你当回事了吗？

【问】噢，还是要反求诸己！反求诸己！

【答】"物有本末，事有终始，知所先后，则近道矣。"

先解决自己立志的问题。子曰："其身正，不令而行；其身不正，虽令不从。"

请孩子做监督员，请他对妈妈进行监督。

【问】王老师好，我叫YZQ，是JXL的儿子，请问我怎么监督我妈妈呢？我应该监督她什么呢？

【答】问问你妈妈：她的志向是什么？她这辈子打算活成一个什么样的人？为了实现自己的梦想，她每天必须做的事情有哪些？她能否坚持自己所承诺的，不达目的誓不罢休？

【问】好的，谢谢老师教诲！现在我就去问我妈妈。

【答】你可要尽心尽力、尽职尽责哟！

【问】好的，老师，我会尽职尽责的！

【答】加油！

【问】王老师好！我妈妈说她的志向是为中华优秀传统文化奋斗

一辈子；她想活成一个有德行、有修养的人；为了实现自己的梦想，她说每天必须做的事情有：好好学习，好好工作，好好回归家庭，教育我，陪伴家人。她承诺，一定下定决心，坚守自己的诺言，不达目的不放弃！

Please check, reply, thank you!

【答】好！

孩子是天使

【问】老师中午好！上午刚给小儿买了一沓亮闪闪的折纸，刚才他告诉我全部被同学要完了，连一张都没有给自己留下，让我再给他买，真是让人哭笑不得。我该持什么态度，如何处理呢？

【答】买买买……

【问】他能和同学分享当然好，关键他一张都不给自己留。

【答】无私奉献！

【问】好吧，从小就有毫无保留舍己为人的精神，当妈的必须支持。学生有点儿想让他留一张自己用，是否学生的境界还不如小儿？

【答】有点儿那个意思。

【问】孩子是天使！

工作耽误了陪伴孩子，怎么办？

【问】老师，我想请教您一个问题：欲望是无止境的，当自己有了新的目标和追求的时候，就会加快脚步，加大工作量！毕竟一个人精力有限，要做好两份工作，时间基本不够用。是不是必须放弃一份工作才行呢？

为了给女儿提供更加优质的生活，我又不甘心放弃副业——电梯销售，这样一直忙下去又感觉好累！耽误了陪伴孩子的时间，一年半后的中考会对孩子影响很大，我现在纠结了。我该怎么办？

【答】没学过《中庸》？

【问】学过，但是……我是后知后觉的人，比较笨，嘿嘿。

（3分钟后）老师，我知道了。谢谢您！

【答】知道啥了？

【问】必须"致中和"，以后的工作不能影响每天晚上早点儿回来陪伴孩子，监督学习。昨天晚上我已经试过了，抽时间和女儿一起学习了生物、地理、历史知识。她很开心，说妈妈终于有空陪伴自己了。我周一到周五晚上六点到十点都分配了对别人家的孩子进行辅导，自己的孩子却一直没有管，她最近退步了！这个也和我有关系，我错

了！我改正！

【答】哦，看来虽笨，还没笨成榆木疙瘩，还开点儿窍。那结业证书我就先不收回了！

【问】好的，收到，感谢老师！今天开始我会安排好两位老师值班辅导其他孩子，我会单独陪伴自己的孩子。我宁愿把工资发给他们。我必须好好陪伴唯一的女儿。

【答】这还差不多！

知道，做不到，怎么破？

【问】王老师好！学生刚刚看了您发的视频，眼眶湿润了。每次看完都觉得自己不对，要改。书也看了不少，讲座也听了许多，可是境界现前，以前怎么样现在还是怎么样。知道与做到之间有一段遥远的距离，请问，这是为什么？怎么破呢？

【答】改变，需要下个决心。

【问】决心下了很多次，道理也懂，可是没用。即便改了一段时间，憋不住，又回去了。

【答】下的决心不够"决"——得承诺，再改不过来，得有点儿说法！

【问】现在能"制衡"我的人就只有儿子了，难道要挖个坑给自己？

【答】那么大的人了，自己管不好自己，不该有点儿惩戒机制吗？

【问】应该应该！请问老师，怎么罚比较好？由谁执行呢？如果运动员和裁判都是我，就形同虚设了！

【答】让孩子当裁判员。

【问】那可是极具挑战性的！那就开始"互相伤害"吧！谢谢老师的点拨。

【答】不来点儿刺激的，你还是改不过来呀！

职场管理

支持员工离职，只为"德信"

【问】王老师，又打扰您！刚收到人事递交的一份申请书，这是一位一线员工的离职申请。按公司规定，她属特殊技能岗位，有一个月培训期，所以须做满一年才能离职，中途离职须扣除培训费3000元！现因其父病危，须提前离开。当我看到这份申请书时，很心酸，很感动，同时也很困惑！

学了传统文化，内心变得极其柔软，也很感性，更理解了百事孝当先。我跟人事经理沟通：这位员工的工资不但不该扣，反而我们要支持她，资助她去尽孝。但是人事经理担心：若此事是虚假的，管理制度便会被破坏，今后可能出现同样的蒙骗事件。学生愚昧，望老师给予指点！

【答】可以家访啊！

【问】她家不在本地。

【答】以中国人传统的伦理观念来说，一般人是不会拿父母的健康问题开玩笑的，更不会杜撰父母得了绝症以获得某种利益，或达到某种目的。如果为了300万、3000万、3个亿，或许某些利欲熏心的人会不择手段，可为了3000块，一般人还不至于。

在不方便家访，无法实地调查的情况下，基于对大多数中国人伦

理观的信任，宁可相信她说的是真的，祝福她的父亲早日康复，也为她敞开公司的大门，处理完大事，随时欢迎她回到企业大家庭，继续工作。

老子曰："善者吾善之，不善者吾亦善之，德善；信者吾信之，不信者吾亦信之，德信。"公司以宽厚之心、仁慈情怀善待员工，种善因得善果。即便她说了谎，公司也不会因此被小瞧，或引发更多蒙骗事件，而只会让人更加敬佩和感动于老板的仁厚。假如真的有人来骗且得逞了，那证实的是"货悖而入者，亦悖而出"的原理。

【问】明白了，我知道该怎么做了，感谢老师悉心指导。

（三天后）

【问】王老师，晚上好！今晚是个激动且感动的日子，忍不住跟您分享一下。上次跟您提及的事情，经过这两天的访谈，情况属实，甚至比我预想中的还要糟糕。晚上在公司志愿者团队中展开了爱心助力活动，大家很支持，纷纷捐助，给予关怀……这件事情又让自己深深被触动，感恩您的仁慈与"德信"！

【答】只要人人都献出一点爱，世界将变成美好的人间！

怎样才能取得领导的支持？

【问】王老师，请教一下：我在上级机构做学术研究，感觉挺好，但是我的人事关系在下级机构，而下级机构不太支持。我现在回到了下级机构工作，可是希望能再回到上级机构继续做研究，帮助更多的人。我想取得领导的支持，怎么做才能实现自己的理想？谢谢！

【答】"唯天下至诚为能化"，拿出十足的诚意去跟领导汇报，以取得领导的理解和支持。

【问】王老师一语道破我好久的困惑，我知道该如何做了。最近一直没走在道上，所以事事不成功，又累，又整不明白，感谢王老师！

【答】祝您至诚感通，心想事成！

【问】感谢传统文化的力量，希望能随时得到老师的指教。

如何与"反对派"沟通？

【问】老师好！学生现在被"困"住了。公司管理团队中有一位干部，因为博学又特立独行，在研讨中常常提出反对意见，可大家又听不懂他主张什么。对于这样的干部，我和同事们该用怎样的"心法"与之沟通，减少摩擦，尽快达成共识？

【答】海纳百川，有容乃大。尊重他的发言权，包容他的观点。多追问他几个问题：为什么？然后呢？你认为应该怎么办才更好？直到他把想说的都说完。然后，明确告知他，他的观点哪些采纳，哪些不采纳，及其原因。

【问】收悉，豁然开朗。

如何对待反对或反感传统文化的人？

【问】王老师，最近"996"上了网络热搜，马X从创业者的角度做了论述。我们公司有些员工学了传统文化后认为，在工作中不应主张加班或施加太大压力。关于如何看待"996"与传统文化提出的"还是要多关心TA"的关系，公司高管在群里做了研讨，大家一致认为两者之间没有矛盾，主要看初心，心对了，一切都对！

请教老师，对于员工中部分持不同意见者，应该如何引导他们？如果劝了改变不了，是否可以认定为价值观不同，而予以辞退？

【答】海纳百川，有容乃大。

【问】那持反对意见或反感传统文化的人在一个组织中产生负面影响时，怎么办？顺其自然吗？

【答】尊重他的反对或反感。

【问】要容纳不同意见人士，这个道理我知道。以去掉自我来融化他人之心，从而达到"海纳百川，有容乃大"，这样理解吗？

【答】"持反对意见或反感传统文化的人在一个组织中产生负面影响"，并不是这部分人的过失，而是赞成和践行传统文化的人还没能有效地将他们感化过来。就像黑暗并不是来跟光明作对，而恰恰是由于光明的缺失才导致暂时的黑暗。当光明遍满时，黑暗不除自去。

【问】明白！让世间充满爱与善的阳光，让世界因我而美丽！

【答】对的。

老板的心思你别猜

【问】王老师，有件事向您请教下，在公司我也算是集团高管，因此经常去猜老板的所思所想，搞得自己很累。对此，您有什么好的提议吗？是否只要做好自己就可以了？

【答】做到"忠"和"恕"就可以了。忠，尽心尽力、尽职尽责地做好自己该做的。恕，换位思考，设身处地替领导着想，急他所急，想他所想。这样，既会感动自己，也会感动领导。子曰："不逆诈，不亿不信。"也就是不要凭着主观去费劲猜测。

【问】嗯，您的话够我好好去思索这个问题了。

【答】曾子曰："夫子之道，忠恕而已矣。"

【问】"恕"该如何理解？

【答】恕，"如心"也，我心如他心，他心如我心，人同此心，心同此理。

【问】就是换位思考，多从对方的角度去考虑问题？

【答】对的。

【问】嗯！

职场管理

疾风知劲草

【问】王老师,晚上好!冒昧地请教您一个问题。我司 W 总拥有绝对权力,近日架构重组,有一位同事获得了 TA 的特别偏爱,市场资源大幅增加,新招七八个员工,绝大部分归入其组别,势头如日中天。

平日开会及聊天等，W总也总是多次提及他的名字。TA当然可以有自己喜欢的人，而且TA个性鲜明，喜欢就会说出来，我基本能够理解。但有好几个同事反映，对此感到心里不舒服，气氛明显与之前不同。我是否要向老总反映？怎么讲会好些？另外一位同事，比较怕事，遇到这些事与她商量，她叫我想开点儿。

【答】推心置腹，该谈就谈，才是"忠"。但不要只论个人喜欢不喜欢，因为任何人从任何角度看问题，得出的结论，都不一定是客观真理。

【问】好的，我会跳出个人的好恶，再向老总提建议。多谢王老师的指点！

【答】就是。都是为了工作，为了集体，不必顾虑太多。

【问】好的，不过现在已经很少有人敢于向TA反映尖锐问题了……

【答】疾风知劲草，板荡识诚臣。

答不出问题怎么办？

【问】王老师，请教一下您：九点半有个会议，有领导参与项目方案的讨论，虽然做好了汇报准备，但万一领导问到的问题我没考虑到，回答不出来怎么办？怎么机智地化解尴尬？

【答】诚其意，大大方方地接过问题，如实告知领导，表示会后立即就该问题展开研究，并尽快给领导一个明确答复。

【问】谢谢王老师！

如何化解员工之间的矛盾？

【问】老师，学生最近遇到一个难题，我做不好这个题目，内心很难过。是人事方面的问题：厂里的一位女性管理者，参加过幸福文化课堂，最近跟她的一位下属闹起了矛盾。两人目前属于针尖对麦芒的情况，下属老是来找我哭诉管理者的不是。我原本想慢慢协调此事，毕竟手心手背都是肉，结果现在愈演愈烈，双方明显都带着情绪面对对方，甚至都在追究对方说话的语气怎样。我思来想去，只能从管理者着手，劝导她心胸开阔，才能让下属心服，但却起到了令她深感委屈的反效果。我是不是又错了？经过师资班的学习，明白了"退才能进"，明白了容得了别人的各种情绪才能成长、进步。但我明白的道理，强加到这位管理者身上却令她难过。这让我感到很棘手，不管也不行，管了又会让对方心生怨恨，陷入两难。归根结底，还是学生处理事情的能力不行。请教老师，我该如何做，才能不伤害双方？毕竟都是亲密的同事。

【答】（发了一个"对小朋友摸头"的表情包）明白吗？

【问】学生愚昧，琢磨一下没悟出来，是让我再私下安慰、温暖一下她们双方吗？是我的温暖还不够，对吗？总之，这件事得找我自己的原因。

【答】首先,要对双方分别进行关爱、抚慰,肯定每个人的成绩,发现并体谅她们的不容易;其次,在适当的时机,把另一方的好话"捎"过来,让她们知道对方对自己是认可和欣赏的,所谓意见,原本都是由于一些小误会没解释清楚而引起的;第三,看着双方都把怨气降下来的时候,再安排坐在一起,当面说说肺腑之言,杯酒泯恩仇,一笑泯恩仇……各种泯恩仇。

【问】嗯,谢谢老师手把手教我,也感恩这一次让我成长的机会,分头安抚,先从我做起!

【答】我心安定……我心祥和……

何为过？何为见过？

【问】老师，早上好！今天看到同事在单位群里发通知，地点把"西院"写成"东院"，但估计大家能看懂。我一直想提醒，但想起您昨天教诲的"不见他人过"，又忍住了。后来，又想提醒活动的负责人，又忍住了。刚开始学习控制"不见他人过"，实在憋不住，还是跟您倾诉一下。

【答】这种提醒，不算"见过"。

【问】哦，那日常通知的失误、病错句，如果出自善意提醒，都没有问题，对吗？但有可能会让当事人尴尬呢？

【答】私下提醒，态度友善，就不会难堪。

【问】好的，谢谢老师。

【答】"见过"，源于自己的心态失衡。事实上，差错人人在所难免，为了共同把事办好，站在共同体的立场上，能体谅包容，并积极补台，不闹情绪，就不算"见过"。

【问】那"过"的定义是什么，"有心非"吗？那"错"和"恶"的区别呢？"错"是客观上导致不良结果吗？"恶"是为了私欲，不管有没有结果，对吗？

【答】脱离共同体，迷失本性，背道而驰，损公肥私，损人利己，是真过失。

【问】但有些"过",没有凭证很难客观判定对方的发心善恶,那是不是干脆就既往不咎,只站在共同体的立场上?不管是"过""错"还是"恶",对方出发点是什么、客观造成的负面结果是什么,都不管,只要体谅包容,积极补台,做好自己就可以吗?如果这样,有可能纵容"恶",而且也无法真正补救。

【答】儒家修为,"智、仁、勇、礼、才"五者须兼修。具备了"智",就能识别善恶;具备"仁",就能体谅包容;具备"勇",就能积极补台;具备了"礼",就能懂得尊重;具备"才",就能透视表里。

《中庸》曰:"聪明睿知,足以有临也;宽裕温柔,足以有容也;发强刚毅,足以有执也;齐庄中正,足以有敬也;文理密察,足以有别也。"说的就是这五项修炼。

所以,当务之急,还是要抓紧时间修炼自己、提升自己。有了金刚钻儿,好揽瓷器活儿。

【问】我要好好学习,还是要多关心TA!

职场二问

【问】老师好！发现了问题，想当面及时沟通，但对方并不与你正面交锋，而是用堂而皇之的理由先把问题包裹了，然后就开始绕圈子，并不直面需要解决的问题。最终，看似大家一团和气，但问题并没有解决，持续下去，小事情就累积成大麻烦。这样的情况，应该如何处理？

还有一种情况是关于"出则弟"的。如果身边同事有明显的违背"兄道友，弟道恭，兄弟睦，孝在中"的原则，严重影响了团队的和谐氛围，此时"要注意方式方法"的"方式方法"是不是可以多样化？比如说，只要是有利于解决问题的方式方法，甚至包括严肃的批评指正，是不是也可以采用？前提是保持解决问题的初衷和诚意，而不能是为了发泄自己的情绪。此时的心态、语气、面色该如何把握尺度分寸呢？

【答】"皮裤套棉裤，必定有缘故。"对方包裹问题，绕圈子，不面对，不解决——都还是在说对方如何。你自己呢？能否发现对方如此这般的背后原因，然后再拿出有效的相应对策？

同事违背兄友弟恭，影响团队和谐，更重要的是你给他作出榜样，令他心生佩服、感动，进而愿意跟着你学。

他不努力，还是我的问题？

【问】末学有个问题一直想向您请教。情况是这样的：我公司的一个合作伙伴，以前工作非常努力，现在懈怠了，不常来上班，昨天公司开工，他也不回来，也没有说原因。自从他妈妈走了以后就变成这样了，我还以为都过了两年，他也应该调整状态，好好工作了。现在我该如何是好？传统文化说人无完人，要互相包容，所以发现了问题，好像也不能直接批评，真的有点儿受不了！

真心诚意，请老师帮忙。公司利润他也有一半，为什么可以这样不负责任呢？

【答】好好聊聊啊。

【问】大家都是成年人，以前聊过许多次了，现在不想同他聊，因为聊着聊着就会意见不同，心里不想那样难受。所以，我一直努力工作，他爱怎样就怎样。两年多了，我的忍受力也有限度。

【答】那问题的重点不在他那边了。

【问】为什么？他不努力，不给员工带头，我努力工作，还要管理公司，还是我的问题？

【答】"九经"（《中庸》）学过了没？

【问】学过。

【答】你和他,属于哪一经的范畴?

【问】我是老板;他既是老板,又是大臣。明白了,谢谢老师,我错了。我要好好修身。

【答】作为合作伙伴,大家都是老板,彼此之间要保持无尽的爱心与耐心,而不要回避问题。

【问】感谢王老师!

【答】同时,你作为公司实际运营者,面对他这个不在状态的"大臣",又该如何去"敬大臣",从而激活、调动他应有的能量,是又一大课题。

【问】好的。

想照顾困难客户，搭档不干了

【问】王老师，在工作中遇到这样的情况，您看我出了什么问题？

一个鉴定案子需要外出采样。按常规，两人外出采样要收1000元费用。但我考虑对方也有很多难处，提出按800元收费。这事我是第一负责人，可以做主。结果，搭档不干了，还没去就撂挑子。按要求，必须两人同时外出，以便相互监督。气氛一度尴尬到极点。他对我这样说："一个人若没有规则意识，可能就会遭到周围人的反感和厌弃。"还有其他内容不赘述。

我心里一阵酸楚。为一些有困难的人着想，可能就会触犯另外一些人的利益。到底该怎么把握呢？

【答】收的钱给谁？

【问】按单位要求统一分配，但一半归公，一半归个人。

【答】假如收1000元，500归公，剩下500两人平分？

【问】对。

【答】如果收800，单位收入就少100，你和搭档就各少分50。

【问】是的。

【答】单位没意见？

【问】这个收费，是允许下降但不能提高的。当然，降得太低也不

合适。有时候遇到家庭困难的,原则上是可以适当降低收费的。我也在想自己是不是愚啊,学传统文化学呆了,好心办不成好事啊!

【答】搭档的意见,源于他的收入减少,而他认为责任在你,甚至会怀疑你和客户之间有猫腻。你的酸楚,源于搭档的不理解,甚至误解。

【问】在实践中,遇到这些问题,怎么调整心法?

【答】"君子贤其贤而亲其亲,小人乐其乐而利其利。"出于悲悯,照顾困难客户,固然可嘉,但不能忽略搭档目前的思想境界和价值观。除非你的德行足以感化搭档。

【问】目前还没有这本事。

【答】那就不能"绑着"人家一起做好人好事。

【问】我知道了,看来,还是我错了!

【答】以符合单位利益和搭档意愿的方式,该收多少收多少。如果你真的觉得客户有困难,需要帮助,而自己又没能力带动他人,不妨自掏腰包,量力而行。

【问】可以把我之前的行为理解为愚善吗?只考虑自己想做点儿好事,完全不顾及别人的感受。

【答】虽善不通。

【问】这件事后就通了,感谢指引!

要不要给点儿改进建议?

【问】老师,早上好!今天上午是我们单位传统文化学习的时间,这是我本月第二次参与了。两位老师都分别提醒我,但我主要是想看看能否从旁观者的角度给些改进建议。听了上半场,的确发现一些可以改善的点,我在想这是否属于"不关己,莫闲管"的范畴,请老师指点!

【答】"相观而善之谓摩。"人家组织者请你提改善建议,你就提,算帮忙;没请你提,就好好学习人家的可取之处。

【问】好的。您这样一说,我的念头一转,感觉自己瞬间又收"货"了,还是"我以为"在作祟。把这"货"收到肚子里,一下子感觉舒畅了!

学校教育

教育的基业是什么?

【问】老师,"法礼德道,修齐治平,文以化企,基业长青",放到学校,如何更好地理解"修齐治平"?

【答】需要变通地理解家、国、天下,也就是说:

修身,修谁的身?

齐家,齐哪个家?

治国,治什么国?

平天下,平什么意义上的天下?

【问】修自己之身,齐班子之家,治理学校之国,平家长及学生之天下,可以这样理解吗?

【答】OK!

【问】老师,"基业长青",学校的基业或教育的基业是什么?

【答】百年大计,教育为本;教育大计,师资为本;师资大计,师德为本。

【问】老师,谢谢您!

【答】再补充一句吧:师德大计,良知为本。

【问】老师补充的这句就是大计的落地之处,我心中有种踏实感。感谢恩师!

"武功秘籍"潜伏在你家书柜里

【问】王老师,我想请问一下,如何才能成为一个优秀的老师?

【答】这个问题,你恐怕问错人了。我只能回答你如何成为一个没有教师资格证的老师。

【问】嗯,我想问的就是没有教师资格证,如何成为一名好老师,我也是没教师资格证的。

【答】缘分啊!答案:向孔老夫子看齐!

【问】如何看齐呢?我身高没孔老夫子那么高。具体应该怎么在生活中落实呢?

【答】读读《学记》吧,专讲教育之道的。

【问】好的,感谢王老师教诲。

【答】《儒学心印》的书你有吗?

【问】嗯,有的。

【答】里边有《学记》吗?

【问】有的,《大学》我看过了,《学记》还没开始认真去学。

【答】书拿到多久了?

【问】不好意思,差不多两年了。

【答】真是淡定从容啊,看来你并不急于成为一个没有教师资格证的老师。

【问】惭愧,有点儿拖延症。

【答】佩服,大写的,繁体字,甲骨文!

【问】啥都不说了,回家好好读书。

【答】七步之内必有解药,"武功秘籍"早就潜伏在你家书柜里了。

【问】嗯,看来我就是做得太少了,我晚上回去好好研读"武功秘籍"。

【答】临渊羡鱼,不如退而结网。理想要有,更得好好用功。

【问】嗯,谨遵王老师教诲!

如何理解德与德育？

【问】老师，弟子有惑，请老师教导。作为现代教育人，如何理解德与德育？

【答】能造福，谓之德。全心全意为他人服务，无私奉献，忘我付出，谓之大德。"春蚕到死丝方尽，蜡炬成灰泪始干"，便是教育工作者的师德。为人师者，自身拥有了师德，才能通过言传身教，将学生培养成具有家国情怀、智仁勇礼才兼备、能为社会文明进步作出贡献的优秀人才。

德育工作，不仅仅是德育老师的事情，而且是每一位老师的事情，通过师生相伴的分分秒秒、授受的点点滴滴体现出来。

德育成功时，学生自能"安其学而亲其师，乐其友而信其道，是以虽离师辅而不反"（《礼记·学记》）。

【问】"德者，本也"，是说德是人的根本吗？如何培养学生的德？德与品德的不同在哪里？有些事我们平时在做，但很多地方都没有想得特别明白。人之本在德，德之本在心，心之本在心灵的提升，对吗，老师？

【答】以德为中心，可以造出很多词来，关键还是造福。为他人造福的同时，也在给自己耕种福田。不造福，自己就没有赖以立身的根基，也没有获取成功的源头活水。

讲课时气场怎样把握？

【问】老师，想问一下，您在分享课程时，人少、人多的情况下，气场怎样把握？

【答】"其小无内，其大无垠"，都一样。把大家收到自己的内心来，关爱、呵护……

【问】感谢老师！今天迎来了我讲课人数最多的一次，140人！有忐忑，有焦虑，但也是一种成长吧。

讲课的趣味性如何更浓一些？

【问】老师，讲课中幽默的段子，平时怎么积累？自己比较匮乏。

【答】让生活变得有意思。

【问】老师，在正常学识的基础上，如何让讲课的趣味性更浓一些呢？

【答】趣味性来自你对生活的由衷热爱，和你对听众的真心呵护。

因材施教

【问】老师,在您的讲课中,您更倾向于赏识教育,还是批评教育?或者怎样把握度的拿捏?

【答】因材施教。

外界干扰下，如何保持修为？

【问】王老师您好！很抱歉这么晚了打扰您，白天都在上课和练习。我是吴X玲老师的学生，她推荐我来向您请教一些问题！

关于知止，我联想到目前大学生普遍存在的一些现象。例如：熬夜打游戏，大吼大叫，影响其他人休息等。请问，在这样的大环境下，如何保持自身的修为不被侵蚀，真正做到出淤泥而不染？

【答】第一是扩大心量，增近理解与包容。尽管这样的现象对自己有不好的影响，但凡事百因必有果，百果必有因。也就是说，想必他们之所以成为今天这个样子，也有一定的客观原因吧。

第二是提升自身不受外界干扰的定力。对于不好的现象视而不见，听而不闻，泰山崩于前而色不改。其实，定力是内在本来就有的，只要自己愿意，随时都可以显现出来。不妨借机检验一下，看看自己的定力功夫，何时可以达到如如不动。

【问】第一条可以理解为所谓恕道，是吗？第二条可以理解为在自修处求自强，是吗？

【答】是的。同样是九年制义务教育，为何你的悟性如此之棒？

【问】啊？这……也许是家里的"染缸"本来就以中国优秀传统文化为染料，再加上自己胡乱读些如《曾国藩家书》之类传统文化书籍

吧。我还自认为修为比大多数人都差很多呢!

【答】自认为比别人差,又是一桩美德:谦卑。谦受益,保持下去!

【问】谢谢老师指点迷津!

【答】我们一起学习,一起进步。

为什么不能放过自己?

【问】马上要开学了,好紧张,怕开学之后成绩很差。请问老师,我如何做到像我所期望的那样洒脱?我原本以为我可以不在乎他人的眼光,但是一想到要回到那个环境,就紧张啊。

【答】每个人都很忙,都有自己的烦心事,谁顾得上看你!

【问】是吗?以前一直都是人见人夸的好学生,到现在这个样子,我也不知道为什么。

【答】这是一种自我意识,钻进去,就会紧张;走出来,就洒脱了。

【问】我为什么不能放过自己?是不是舍弃不了以前的样子?我不想在意成绩,让它左右我的心情,但是又不知道应该怎么做。

【答】但行好事,莫问前程。只管耕耘,不问收获。

【问】一直以来,能够让我兴奋的,只有成绩名列前茅,我不想再这样下去了。老师,我能做到吗?

【答】多去做做志愿服务工作吧。

不爱学习怎么办?

【问】老师,晚上好!我想问您一个问题,不爱学习怎么办?或者说不想学,学不进去,但是压力又很大,感觉考不上好学校一生就毁了。

【答】关键要立志。一旦立了志,就不用扬鞭自奋蹄了。

【问】没志向怎么办?

【答】没志向,人生就废了。

【问】但是我这个人很懒,一瞬间觉得一定要加油,可是下一秒就把这件事抛到脑后。若说志向,就是觉得要考上一所好学校,但本人属于那种光说不做的,不想努力。

【答】懒不是天生的,人的力量本来无穷无尽,只是需要找到激发力量的热情。

【问】那怎么找呢?

【答】读点儿名人、伟人传记,让榜样激励自己。

【问】感觉这种方法对我不是很管用!

【答】哦,那什么方法对你管用?

【问】自己也不是很清楚,主要是没有动力。

【答】尝试一下吧。

经典学习

读经典，贵精专

【问】王老师，我有个疑问，提升自己，自我修炼，就是要每天不断地读经典，那么经典要读到什么时候？比如，我现在在读《大学》，要读到什么时候可以换《中庸》？怎么知道自己需要学习新的经典？

【答】成年人学经典，先精专，后广博。

【问】好的，明白了，不能贪多，先精专。

【答】一部经典读通透，有了悟处，每每会从心中自然而然地流淌出智慧光明，且在实践中经得起验证。遇事清楚本末、终始、先后了，才可以换新的。

【问】嗯，好的，清楚了！

诵读经典，勿自虐

【问】王老师，您好！我在诵读经典中遇到问题：最近诵读《弟子规》时，读完一段回头看，发现跟没读过一样，我分析可能是诵读时想着别的事情；后来，即便诵读时特别注意了，还会出现类似的情况。我采取的方法是回头看，哪里"没有读过"，就从哪里重新按照"心眼口，信皆要"的要求开始诵读。这样一遍下来，需要花费比原来更长的时间。现在我发现，自己诵读《弟子规》的积极性不如从前那样高了。请老师给诊断诊断，我错在哪里了？

【答】执着了，"回头看""重新读"，类似"锁门强迫症"，不要这样虐待自己。

【问】好的，老师，那我诵读前调整好状态，一气呵成，不紧不慢。

【答】有意用功，无意成功。持之以恒，功到自成。

【问】感谢老师！

集体诵读时不整齐怎么办？

【问】王老师，您好！有位学长指出：在我们集体诵读经典时，好像后学的声音比较大，有故意炫耀之嫌。后学在向该学长致歉之余，也说了自己这样做的发心：听到大家诵读经典的声音有点儿不整齐，担心学长们会因为受到干扰而不能专心领会经典的意思。如果后学的声音稍高，可能大家就会达到同频共振，以便专心诵读和领会。

后学觉得自己做得不是很恰当，想请王老师帮助找到后学的问题，请老师赐教。

【答】集体诵读经典时，应该力求整齐、和谐。领读者，在每次诵读开始前有责任提醒全体成员，如何保持整体的节奏一致，那就是：每个人都自觉地把自己的声音融入集体共鸣的声波之中，无论速度快慢，声调高低，音量大小，都要随时进行适当调整，不突出个体，呈现出来的只有集体共鸣的"和声"。

【问】后学还是存有自我意识，听到不整齐的声音时，执于己见，自以为是地认为后学大声就可以令大家达到同频、整齐、和谐，却给其他学长带来了困扰！如上所述，诵读不整齐时，当如何做？

【答】如果轮到你领读了，你可以采用上述方式，在诵读开始前温馨提醒大家，以求达到整齐。而通过自己故意提高声音，试图获得整

齐的效果，往往是徒劳的。因为自己的大声，本身就是在破坏整体的和谐。你这叫责任心强，而方法不当。

【问】感谢老师赐慧，后学知错！

允许撞南墙

【问】老师,早上好!请教您一个问题,每次读完经典之后满嘴都是甘甜的,这是什么原因?

【答】转业成福了,再接再厉吧!

【问】多谢老师的教诲,一直以来多有逆反,不让人省心,谢谢老师不弃之恩!

【答】谁逆反,谁自己要受痛苦,TA已经那么痛苦了,怎能再忍心弃之?

【问】这真是谁痛苦谁知道,有时候撞了南墙,方能觉悟。

【答】允许撞南墙,允许撞痛,允许撞痛再回头。

经典学习

怎样解码释放经典中的能量?

【问】老师,再请教您一个问题:您昨晚发林X分享的教学目的是什么?我没看懂,但想学习,请老师赐教!

【答】〇。

【问】哦,明白了。谢谢老师!

【答】明白什么了?

【问】那一刻,您正在录音的状态应该处于归零状态,才能与经典心印。林X当时没归零,但或许是良知,或许是不睹不闻之能量让他归零。归零之后能量才能链接。不知道对否?

【答】大概也许差不多吧。

【问】谢谢老师指点!

【答】经典就是经典,无论是谁,只要以心进入,诵读或收听,都能解码释放其中所蕴藏的能量。可惜,重视经典诵读的人很少。即便有些人偶尔参与一下诵读或收听,有口无心、有耳无心的人多,而真正以心进入的人则少之又少。买椟还珠、叶公好龙,其此之谓乎!

【问】是的,我明白老师用心了,提醒大家要以心进入!包括我自己。我也明显感觉以心进入后与先贤的链接更多了,但惭愧的是,我也未能一以贯之。谢谢老师用心指点!我努力"听话、照做、真干"。

《弟子规》读到什么程度是"终"?

【问】王老师,晚上好!打扰了,学生向您请教个问题可以吗?

【答】说吧。

【问】目前经典很多,对于初学者,从哪些书读起比较合适?这个问题我困惑很久了。

【答】《弟子规》。

【问】嗯!《弟子规》说"方读此,勿慕彼,此未终,彼勿起",那《弟子规》读到什么程度是"终",可以再读其他的呢?怎样判断?这个度在哪里?

【答】力行,全部做到位。

【问】意思是如果还没全做到位,其他的书就先不读,是吗?

【答】可以先缓一缓。"少则得,多则惑"。

【问】嗯,好的!学生是太急了。刚开始认为,把一本书看完,把译文搞懂,就算学完了,就可以开始新的了。现在知道了,谢谢老师!

【答】做到,才是真学懂了。

学了《弟子规》，不敢说话怎么办？

【问】老师，早上好！请教老师：学习过您的《弟子规》第13讲之后，现在对自己是否该上台分享有点儿犹豫了。原来以为组织一下分享课堂，跟共学者分享一下学习传统文化的认识和感受，也可以为弘扬传统文化做点儿事，但听了"话说多，不如少"的分析，不敢说了。请指点该如何对待？

【答】"不如少"，并没有不让说。只要所言极"是"（惟其是），为什么不说呢？

【问】嗯，明白，先行其言。

儒家思想与茶道

【问】王老师好,请教您:儒家思想如何运用于茶道中?学生下周要参加XX省茶艺师比赛,希望老师给点儿灵感哈!

【答】知止定静安虑得。禅茶一味,不定,何以曰禅?无禅,何以为道?

【问】没好好学习,有点深奥啊!自己慢慢悟吧,感谢老师指点。

【答】《大学》你没学过?

【问】"知止而后有定",谁没学过,倒背如流!

所有现象都要用传统文化来解读吗？

【问】老师，我想请教您一个问题：生活中的所有问题、社会上的所有现象，都必须用传统文化的观点来解释吗？

【答】那也不一定，看需要。

【问】那我描述一个生活场景吧：我和我妈偶尔聊到一些社会热点或者新闻什么的，我妈每次都会引经据典，最后往往把问题归结到"没学好传统文化"上，几乎任何领域的话题都是这个走向。我有些疑惑，是不是生活中所有现象都要用传统文化来解读呢？

【答】传统文化揭示的是大道原理，可以用来解释世界上一切万事万物。但不要求每个人必须学习传统文化，也允许人不用传统文化去解读

一切。

【问】谢谢老师，我想通啦！既然是交流观点，那么既可以用传统文化来解读，也应该包容其他解读方式。如果规定某种解读方式唯一正确，其实也是自我控制欲的一种体现——可以这么理解吗？

【答】是的。

学习传统文化，可以追求名利吗？

【问】王老师，下午好！我想请教一个问题，学习了传统文化，但是内心还在追求名利，您怎么看待？

【答】传统文化没说不让求名利啊！"计利当计天下利，求名当求万世名。"假如名能副实，利能和义，求之有何不可？

【问】可是，现在很多求利者不能和义，有名者不能副实，在万般无奈之下，需要做虚假的样子。如何解救自我呢？

【答】悖而出者，亦悖而入；悖而入者，亦悖而出。该怎么做，只能由你自己决定。

【问】好的，谢谢老师！我去听录音，反省自己。

物质满足与精神富足,如何平衡?

【问】王老师,请教一个问题:有人说外在物质满足了,内心精神才能修到富足,二者如何平衡?如果直接求内心精神的富足,难度更大,成道者甚少。

【答】人活着,起码的物质保障是需要的,但物质是否富足,决定不了精神境界。

【问】以往那些得道的大家,好像很少是家境贫寒、衣食不保的,多是一些大户人家或者富裕之家。太穷的家庭,连吃饱的问题都解决不了,没办法读书。除非是小小的就送去专门学习,有悟性的就得道了。

【答】颜回很穷,但得道了。

【问】是的。

TA 又不干了,怎么处理?

【问】老师好!XX 组,我是组长,TA 是副组长。副组长负责统计每周报读分享,TA 上次已经跟 XX 学长闹过一次,辞职不干,昨天又说不干了。老师,您说这事怎么处理?

【答】志愿服务工作,不勉强,否则就不属于志愿,允许 TA 随心而动。有些人性格就那样,不是一天两天养成的,又不能生起发强刚毅、勇猛精进、日新又新的心与行,一时半会儿很难改。那么大的人了,谁也很难改变谁。或许有朝一日,吃了苦头,受不了了,

困而知之，才肯下定决心，才能回头。

【问】老师，我知道该怎么处理了：不勉强。我去把这项报读分享工作接过来，我来安排。谢谢老师！

【答】这就对了。

如何取得家人的理解和支持？

【问】老师好，我现在卡在被家人不理解、不支持，家人认为我干的不是正经事，认为我对家没有责任心，是不务正业。但我心里明白我在做什么，我应该干什么。老师，如何平衡这些事？

【答】学了传统文化，不能有效齐家，是没学到真谛。

堂堂正正地做人，正正常常地生活、工作、学习、休息，自自然然地修炼完善自己。

【问】老师，有时我觉得该做的事重要，可家人认为我该回家。我看到您和XX老师都不能更多地顾家。老师，面对家人不同的声音，我还不想屈服，家人一直不支持，难道我就不做吗？

【答】你这是自我意识在拧劲儿。再拧下去，苦海无边。

【问】老师，如何做才能得到家人支持？

【答】以家人之心为心。

【问】好的，老师，感谢老师的教诲！

 历事炼心

造了假,心不安,该怎么办?

【问】老师,学生这两天有些忐忑不安,因为撒了谎,不诚实。这次去XX游学,报名要求有三项:单位、职务、营业额。学生第一次报名时,后两项没填。报过去后,组织老师说这次对人员审查很严格,后两项必须填。为了贪这次游学的机会,学生填了一个假的,重报了一次。目的是达到了,可造了假,心里有负罪感。学生知道错了但学生不想放弃这个学习机会。请问老师,今后再遇到这样的情况,该怎么处理才合道?

【答】子曰:"富与贵,是人之所欲也,不以其道得之,不处(chǔ)也;贫与贱,是人之所恶(wù)也,不以其道得之,不去也。"

【问】谢谢老师,学生愚笨,一时还悟不透这段话,学生会好好去学习,去领悟的。

【答】(发送《处富贵去贫贱,都应有底线》一文,内容是对孔子这段话的白话浅释。)

【问】老师,学生明白了。不管做什么事情,首先要看它合不合道。尽管是好事,用不合道的方法去获得,就是失德背道，不可为。感谢老师教导！

【答】那怎么办呢？

【问】找基金会领导，看看有没有解决的办法，如不行就不去了，或者找老师帮忙想想办法。

苦海无边，归零是岸

【问】王老师，早上好！近来又是心情低谷期，我都搞不明白自己哪里来的不满，感觉全世界都欠自己的，悲春伤秋的，都神经质了。想请王老师指教、开导。

工作上看到别人升职加薪都比我快，心里不舒服。大家都半斤八两，但别人有关系或者更会奉承，讨领导欢心；自己不擅长人际交往，跟个"愤青"一样，知道抱怨也改变不了什么，可还是会抱怨，以至于自己都讨厌满满负能量的自己。

人际关系就更糟糕了，基本上就没有什么朋友，一个地方不管待几年，最多也就一两个朋友吧。有时还是很羡慕身边朋友成群的人，跟谁相处都那么和谐开心，都像是很要好的朋友。

对身边的人也极度缺乏信任，就算是好朋友，看到TA跟别人聊得来，就会觉得自己被忽略，很不开心。不好的事听多了，总怕自己会碰到，变得极度敏感，没有安全感。

别人稍有一点儿反常的行为举动，我都会觉得自己是不是又得罪人了，开始胡思乱想，想得脑袋爆炸，人就变得暴躁易怒。

整个人就跟神经病没什么差别，总是郁闷、不开心。也不知道哪里来的那么多事，感觉都是自己作的，也就是现在流传的"作死"。

【答】我心归零,万物自然归零!

【问】怎么磨炼自己,做到心归零呢?自己也觉得不该像现在这样,总是看到一些现象就浮想联翩,然后影响心情、心态。

【答】无条件,不期待。

【问】大道至简啊,谢谢王老师!

【答】本来如此,"我心"是一切的根源。

【问】王老师,我思考了一下,觉得我的根源在于很难做到"无条件,不期待",很多时候也想让自己不要去纠结,不要去想那么多,可就是做不到啊。有没有什么实际一点儿的,可以让自己去做到的办法?

【答】担心负面的,渴望正面的,都算期待。

【问】要做到"无条件,不期待",就是不去期待吗?

【答】正己而不求于人——做好自己,不要去管别人如何。

【问】我悟性比较差,行动力更差,没有完全参透王老师的教导。

【答】慢慢参悟,慢慢实践。

老想获得点儿什么，是大问题

【问】老师好，认真拜读了老师发的《大同世界首先从自己的内心实现》，昨晚也同步听了语音，感觉即刻就享受到了"归零"的文化福利，内心体验到了强烈的幸福感，眼眶湿润了。这种感觉以前也有过，记得第一次有这种感觉时，泪水止不住地流，畅快淋漓地流，但问题是这种状态很难保持。老师说："时时归零，处处归零，心心归零，念念归零，随时随地活在零态的世界里，活在零态文明的身心状态之中，这才是我们本来应该享受的福利——文化的福利。"要通过怎样的努力，才能做到"时时、处处、心心、念念"呢？

还有两个问题一直想问，又不敢问，今天一并问：第一，犹犹豫豫、患得患失、顾此失彼、随波逐流、没主见这种令人讨厌的性格；第二，平时工作或生活中，只要事情稍微一多或者换个不熟悉的场景，就会不知所措，犯迷糊。很想知道以上这两种状态是怎么来的，我又该通过怎样的努力去化解，久思不得其解，只好求教于老师。

【答】从自私那里来的。只有随时除去私欲,突破自我,才能真正随时归零。

【问】谢谢老师,这碗"面"太……

【答】够味儿吗?

【问】太够了,隐隐觉得自己自私,还不太相信,老师直接点出,认了!

【答】老想获得点儿什么,就是个大问题。

【问】明白了,只问耕耘,不问收获。

骨子里瞧不起人，怎么改？

【问】老师，我表面上看似改了，口里也会称赞别人的优点，但是骨子里的看不上、瞧不起人还是存在。如何彻底改掉？道理层面知道，但还不是我内心发出来的。

【答】"气傲皆因经历少，心平只为折磨多。"瞧不起人，谓之不敬，这是傲惰之心。对治之法，从感恩、念好、领情开始，常思"我从哪里来，是谁成就了我的一切"。如果懂得了每个人事实上都在为这个世界做着他的努力和付出，没有大家的和合共融、守望相助，也就没有自己如今的一切，傲慢立即消退，恭敬自然生起。《礼记》曰："毋不敬。"又曰："傲不可长。"

【问】感谢老师，听到您的教诲很开心，我慢慢消化这些话。

【答】说简单点儿，就是要多去发现别人存在的价值和重要性。

【问】好的，老师。

解决痛苦的途径和妙招

【问】王老师晚上好!我能问个幼稚的问题吗?请问,当痛苦用传统文化解决不了时,我该如何?

【答】如果"别的地方"能解决,你可以到那里去解决——我说的是假如真的有哪个地方能解决你的痛苦。

【问】嗯?没看懂,请老师明示!

【答】痛苦,总是要想办法解决的嘛!传统文化解决不了,你也可以尝试一下别的途径啊!

【问】老师,您是否有途径?弟子比较愚笨,想不到能解决的办法。老师,您是否有妙招?

【答】我的途径和妙招,都属于传统文化范畴。

【问】那我还是看经典洗涤心灵吧,跟着老师说的走准没错!谢谢老师的回答。

【答】我很欣赏你!

【问】我无言以对,感谢老师!

我改了,别人的缺点就没有了吗?

【问】老师,上午好!最近有个问题一直在困扰我,如果看到身边人身上有缺点,这些缺点都是我自己的吗?如果我把这些缺点改了,他们的缺点就没有了吗?求解。

【答】心改变,一切都将改变。我心改变,一切都将相应改变。我心真的改变,一切都将真的相应改变。我心不真的改变,就没有化人之功,指望别人改变,就像开门不在门把手处用力,却在门轴处使劲推拉一样,徒劳无功。

【问】明白了,一定会努力去做,感谢老师的谆谆教诲!

历事炼心

我是"不争气的东西"

【问】老师,我承认自己修为不够,出了很多乱子,可对有的人我也有看法——虽说自己没有资格谈看法,但心里真不好受。

学生内心非常明白您的良苦用心:"柔远人",重情讲义是学生必修的课程;同时,班上的同学年前聚一下,可以远距离感受一下老师的关怀和温暖,也是"必须的必"。学生没有参加,并不是领会不了老师的用心良苦,而是心里的结还没有完全打开,实在接受不了有的人有意无意间对志愿者的那种分别心。固然能量有大有小,修为有高有低,但如果因为分别心而让我们这些没有本事、没有能力的志愿者"召之即来,挥之即去",让我们不知所措,那就只能让我们望而却步。作为人,得有起码的尊严吧。

学生愚钝,没有胸怀,也没有远见,希望老师多多原谅和不嫌弃学生的任性妄为。

【答】悟性真差!

【问】慢慢悟吧,谁不想悟呢。

【答】放肆!(县太爷怒拍惊堂木的表情包)

【问】在本性的光明里,一点儿都不会害怕!

【答】不争气的东西!

【问】我理解，争气不是表现在唯唯诺诺，而是为真理而奋不顾身。

老师，不是别人有分别心，是我自己没有正其心，学生知错了。不敢忤逆老师，也不敢放肆。有时候会情不自禁地表现出自己的情绪，确实是修为和悟性不够，同时也是因为老师的亲和力让人感觉太温暖，一下子忘记了界限和尺度而不知止。愧对老师的呕心沥血和谆谆教诲，学生实在是不争气——我是"不争气的东西"！

（三天后）

【问】老师，以下文字是学生的忏悔：看着"亲生的"老师和学长们一个个至诚感天，至纯至真，学生此前竟然妄自菲薄，认为有的人有分别心，不让我们这些没有能力、没有本事的人参加活动见到老师，完全是自己太想见老师而不得就胡乱猜测，甚至一派胡言！昨晚羞愧得抬不起头，为自己的起心动念而深深忏悔，同时对那个不幸"躺枪"的"亲生的"学长感到深深抱歉。虽然 TA 还不知道我如此混账，学生也永远不想告诉 TA 我曾经如此混账。学了这么久，还做这样的卑鄙小人，实在是利令智昏、欲令智迷啊，自己打脸 N 下……

【答】同意！同意 +1，同意 +2，同意 +3……

尊重他的不上道

【问】老师,晚上好!学生碰到了困惑,请教老师!好好的沟通,总在沟通探讨中,变成了说理和管教。对方也知道学生的用心,但就是收不到。沟通过程中,学生总怕对方看不清、辨不明,恨不能把心掏出来放在阳光下任由对方看个够,很有点儿"皇帝不急太监急"的意味。亲人、朋友、同事交往中都出现这种状况,有时还会费力费心不讨好。这个症结在哪里?如何改进?恭请老师解惑!

【答】心切 = 好心 + 自我。好心要保持,自我得化掉。

【问】这都成了常态,学生几十年的人际关系始终都是这个状态,最近才发现。身边碰到的人都认为学生能解决问题,却又总认为学生在说理和管教。

【答】你自己感知的是"好心",而对方接收到的是"自我",所以才有反差。

【问】那还是"我"惹的祸啊!

【答】自我,是自己不知不觉中亲手埋下的雷,早晚会被它炸翻,毁掉一切。

【问】怪不得,自己感觉如此费心,却又不招人打心底里待见,原来症结在这儿!

【答】现代市场营销体系中最关键的一个理念——以客户需求为导向。

【问】现在是知道站在对方角度去沟通了,可是聊着聊着又变成说教了。尤其是对方老不上道的时候,一急就又回到了说教模式。

【答】为什么非要让他"上道"呢?如果他很享受"不上道"的快乐,我们为什么不能"快乐着他的快乐"呢?

【问】明白了,还是"我"以为的"不上道",况且"道"也是"我"的道。

【答】其恕乎!

【问】感谢老师解惑!学生的心一下敞亮了,学生会努力继续修身力行的。

【答】当我们能尊重对方的"不上道",并能真心地为他在"不上道"的情况下却依然能很好地活着而感到由衷高兴的时候,有些东西就开始融化了,局面就不一样了。

【问】这正是学生要修正和提升的地方。化掉自我,尊重现在;跳出事件,安然陪伴。

勇敢的懦夫

【问】老师，为什么有的习惯怎么也改不掉？比如，不叫爸爸妈妈，也不叫哥哥弟弟，要改过来真的太难，比登天还难。如果真的改不掉，是否对人生的影响很大——即使内心爱着父母兄弟？请老师开示和教导！

【答】不够诚。

【问】俗话说：三岁形成的习惯，一辈子都改不了。启蒙教育太重要了。

【答】面对至亲，叫不出应有的称呼，其实已经形成一种心理障碍，不敢触碰而已。

【问】我的哥哥现在也和我一样，都叫不出爸爸和妈妈，我的弟弟也从来不叫哥哥和姐姐。是不是都有了心理障碍？不知道这是一种怎样的障碍，要怎样突破呢？

【答】言为心声，内心真诚，叫出来也就是一瞬间的突破。

【问】好难啊！

【答】好难啊——这个意念就是自我在起作用。

【问】老师，诚的状态就是忘掉自我、突破自我吧？忘掉自我，提起至亲，可能就不难了。

【答】诚，本来就有，但不破自我，诚显现不出来。

【问】以前觉得自己很勇敢，没想到突破自我真不简单。放下自我，显现本性的诚，能量就会倍增，多么向往！

【答】"胜人者有力，自胜者强。"你所谓的勇敢，是与他人争强好胜，而不是去征服、战胜自我，甚至都不敢面对自我。而且，你所谓的勇敢，往往都是"勇而无礼则乱"，破坏性、干扰性很大。

【问】"好学近乎知，力行近乎仁，知耻近乎勇"，原来我所谓的"勇"是任性妄为，没有把自己放在"中"的位置，没有用礼来规范自己，更不用说"德"和"道"的境界了，看来，"路漫漫其修远兮"，感谢老师谆谆教诲！

【答】你先找个机会把"爸爸妈妈、哥哥弟弟"叫出来再说别的吧。

【问】老师布置这么艰巨的任务！

【答】懦夫！

【问】几十年的习惯，要改掉确实不容易，第一次感觉自己真像个懦夫。

选择阳光，选择希望，选择心情舒畅

【问】王老师，下午好！请问王老师，现在我怎么感觉越来越艰难痛苦了呢？

【答】因为你选择了艰难与痛苦。

【问】请问王老师，下一步应该如何选择才合适？

【答】选择阳光，选择希望……

【问】心里有种能量很强大，但刚生起希望，又很容易泄气。

【答】多参与集体活动，或团队作战型运动项目——篮球、足球等。少自己一个人闷着。

【问】谢谢王老师！还有一个问题想请教，在个人感情问题上怎样处理，心里可以不那么堵？

【答】选择舒畅，就不堵了。怎样心情舒畅，就怎样来。

【问】王老师，您说像我，现阶段适合谈个人感情吗？

【答】顺其自然！

虚荣心，怎么破？

【问】老师，您好！我发觉自己身上有个最大的毛病，一直没改好——"虚荣"。每当遇人聊天或做事时，觉得对方在某方面比自己强，就会自卑、羡慕，甚至还有点儿醋意，不由得想找人家不如意的地方以求平衡；反之，则心生优越感，甚至还有意无意地给人家透露一下自己认为的优越之处。然而，每次事过之后又极其厌恶自己的行为，就这样反复循环着，内心很纠结：为什么心底反感这样的人，自己却又总有这样的行为？只是没有特别地张扬和明显。

想请您给予教诲：我如何才能在当下就避免产生这种心理？如何在第一时间真心为他人随喜赞叹，而不是刻意反省？感谢老师！

【答】这就是自我意识嘛！要常常思维：他人的优秀，将会给更多的人带来利益，真好！

【问】您说的这种思维，我总是事后反应，当下就不由自己了。而且，这个"事后反应"也是学习后才有的变化，以前就纯虚荣，不觉得是问题。但目前一直停留在"当下虚荣——事后反省"这个阶段很久了，咋也改不了下意识的反应。

【答】主动去培养正确的思维。"冰冻三尺，非一日之寒"，你那种状态，是由于长期不懂得格物致知，任由自我泛滥，以至于被自我意

识绑架。所以，还得慢慢来，事后能反省，知惭愧，也算不简单。不从自我中突破出来，不可能改观。

你又不是那种上上根之人，干吗要难为自己去做上上根的事？"时时勤拂拭，勿使惹尘埃"，这个比较适合你。

【问】嗯，就是这样。老师一语中的，既给了方法，又指出了问题根源，令学生豁然开朗，少了纠结。重要的是，又一次重新认识了自己。感谢您！

教我如何不嫌弃

【问】老师，我有个问题想不通，又不敢在群里问您，所以弱弱地私信您：面对学生如此多的毛病，我自己都十分嫌弃自己，您是怎么做到不嫌弃的呢？

【答】做事不是目的，育人才是目的。

【问】我还做不到育人。在做事的过程中，总是忍不住露出嫌弃的表情和态度，怎么管理自己的爱嫌弃？

【答】以人为本，人人需要关爱。只不过不同的人，适用不同的关爱方式。

【问】其实，他人能被我看到的、处处令我嫌弃的地方，正是他人需要关爱的地方。把方向调转，把目光收回到自己身上，把嫌弃变成关爱，可以这样理解吗？

【答】"之其所贱恶而辟焉"，你所嫌弃的，往往都是自己身上有却一直克服不了的。

【问】对啊，我以前嫌弃得理直气壮，没意识到这样不对，更没觉得是我的问题。现在我看到老嫌弃别人的自己了，我想改正，我得改！

【答】怎么改？

【问】还是要多关心TA。

【答】同意！

你只是"不甘心"

【问】请教老师一个问题，可以吗？

【答】可以。

【问】人在什么时候可以放下所有的爱恨情仇？

【答】无我。

【问】呵呵，好像是，但是做不到啊！不过，还是谢谢老师，让我有了方向。

【答】你不是做不到无我，只是"不甘心"而已。

【问】是，真的是这样！那应该怎么办呢？

【答】无条件，不期待。

"降低"和"自卑"同义吗？

【问】老师早，这几天在斟酌老师您说的寄语"降低"，教导我们要谦卑，低调做人。这和自卑同义吗？貌似自卑也有低低在下的意思。

【答】自卑者，并不甘心低低在下。我们说的"降低"，是心甘情愿地把自己放下来。

【问】受教了。

怎样对待伤害自己的人？

【问】老师，用怎样的态度对待伤害自己的人？

【答】冤家宜解不宜结，得饶人处且饶人。

【问】好吧，谢谢老师！老师觉得我是个什么样的人？

【答】假如别人捅你一刀，只是伤害了你一次；而你若一直耿耿于怀，不肯放下，相当于你又在他的基础上反复捅了自己无数刀。

【问】我是逃避，而没有放下。

什么是执着？

【问】王老师好！请教一个问题：什么是执着？请老师给一个量身定做的答案，跪求！

【答】"跪求"就是执着。正常情况下，有问自然有答，无须"跪求"。就算不答，本来也无所谓，或许不答本身就是一种答案。一说"跪求"，就有非答不可的意味了，约等于强制或绑架。

【问】本不用"跪求"，老师本来就一直在告诉我们答案。可是，这个答案为何到达不了我这里，甚至连若隐若现也没有？

【答】举盆望天，见盆不见天，能赖天吗？

【问】可是自己不知道有"盆"啊？

【答】那赖"盆"喽？

【问】"盆"就是"我"？

【答】盆，是先入为主的思维框框。

【问】有点儿明白了。做选择的时候，如果出发点不是为"我"，自然就不纠结了，有些事情被拒绝也不至于难过，或者不会不好意思，不是为了做事而做事。随顺对方，没有"我"，当对方的要求影响了更大的群体利益时，可以委婉拒绝，自己心里也坦荡自在。

看来，这个框的形成，主要还是"我"的障碍——这样理解对吗?是靠经典打掉框吗?可是,现在不知道下一秒又会出现哪个框。

【答】行恕道,跳出自我,以对方之心为心,自然就没有那么多框框了。

【问】感谢老师!平时跟人有争辩,尽管会很快闭嘴,但是,心里还有争。原因是没有以对方的心为心,没有行恕道。

什么是"愣头八脑，蠢乎乎"？

【问】老师，您批评我"愣头八脑，蠢乎乎"的时候，我一直没敢问是什么意思，就断章取义、囫囵吞枣了，现在才发现一知半解。请老师赐教！

说实话，当时还有点儿不服气，觉得自己没有那么蠢，现在才发现自己真蠢。

【答】当被人批评"愣头八脑，蠢乎乎"的时候，能在没搞清楚到底是啥意思的情况下，就"有点儿不服气"，就"觉得自己没有那么蠢"——这个反应，恰好是对"愣头八脑，蠢乎乎"的完美诠释。

"就算是老师，也请不要伤人自尊"——这件法宝，有人

需要，可以拿去一用，随时祭起，进行自卫反击。

【问】感谢老师的教诲，能吃上老师的"刀削面"，那该有多大的福报啊！

【答】好好研究一下，你心里那股这也不服那也不服的气，是从哪儿来的？

【问】是孝悌之道没有做到位。

【答】我还以为你练过"气"功呢！

【问】一天不突破自我，就一天不得消停。"气"功没有练过，光气人了，自己也没少生气。放着好好的日子不好好过，蠢到家了。感谢老师不嫌弃、不放弃、不抛弃。

【答】人家是自度度人、自利利他，你是自气气人、自虐虐他。

【问】老师，我错了！以前觉得先生不说话，是他的性格不好，没想到是我逼的，骑在他头上作威作福，所以换来的是成天黑着脸，没一句好话，真的是"自气气人、自虐虐他"，这么多年，真难为他了！

被欺骗了，还不能难过？

【问】老师，如果善良被利用，正中他怀，正合他意，觉得可以继续安心欺瞒哄骗，为自己的狡兔三窟得意，该如何释怀？

【答】悖而出者，亦悖而入；悖而入者，亦悖而出。

【问】学生愚笨，不是很明白。老师可以用学生听得懂的话说吗？学生若不是心里实在难受，是不会打扰您的。

【答】从自己身上找原因，不要总盯着别人的错误。

【问】事实在那里，如何视而不见？一句"反求诸己"，又怎么能化解伤心难过？

【答】自己一点儿责任都没有吗？都赖别人？

【问】好吧，哪怕只是1%的责任，也要100%地承担，学生认了！老师要求太高了，做您的学生真是太苦了，真想逃跑。

【答】苦的根源是外求，真正"反求诸己"时就不苦了。论逃，你有孙悟空的本事大吗？往哪里逃？逃来逃去，还不是被自我意识困在五行山下？

压力怎么会越来越大呢？

【问】王老师，您好！不知道最近怎么会压力越来越大呢？

【答】凡所有相，皆是虚妄。压力本无，自寻烦恼。

【问】处理各方面关系好像都比较紧张，特别是在个人情感方面，觉着好累。

【答】那就歇会儿呗。

【问】您的意思是去自我提升吗？

【答】我的意思是，学会放下，学会放松，学会放开。

【问】好。

（两个半月后）

【问】王老师您好！现在怎么感觉压力越来越大了？

【答】你好像没有压力不大的时候！每次你跟我说话，第一句好像都是这个内容。而且，无论我咋跟你说，下次你找我说话，还是这个内容。太自我了！

【问】该怎样改变呢？

【答】走出来！

【问】嗯。

【答】希望你再跟我说话时，我能听到你感到越来越轻松、越来越

愉悦的话题。

【问】要得,谢谢王老师!

【答】看你的实际行动!

【问】现在开始行动了呀,和王老师聊天后轻松很多了。

怎么克服没长性？如何消除倦怠感？

【问】老师，学生不时就会有一种日子过够了、过厌了，特别想出家的感觉。若不是为了父母孩子，我觉得世间没有我留恋向往的东西了……无奈爹妈要女儿，孩子也不能没有妈。

【答】到什么山上唱什么歌，干什么行当吃什么喝。在曹营不干好曹营的事，到了汉室也很难干好汉室的事。心沉不下来，不能真正投入，心身游离，到哪里也不行。

【问】学生做任何事情，要么不去做，做的时候都是很认真、专心投入的。现在觉得所有的事情都做够了，有一种倦怠感。想去做的事情，又因为孩子小不能去做。

【答】"现在觉得所有的事情都做够了，有一种倦怠感。想去做的事情，又因为孩子小不能去做。"——这就是典型的"愿乎其外"。

"学生做任何事情，要么不去做，做的时候都是很认真、专心投入的。"——"靡不有初，鲜克有终"，不能敬终如始，一以贯之，无论多认真、多投入，都是选择性认真、选择性投入。

【问】那怎么才能克服这没有长性、持志不终的毛病？又如何消除这种倦怠感呢？

【答】子曰："仁远乎哉？我欲仁，斯，仁至矣！"

历事炼心

【问】跟文化人对话真费劲,每句都得搜索、查书,完了还是似懂非懂。就不能用小学生听得懂的话来回答小学生吗?

【答】你一直在做自我辩解、维护,并没有真心听讲。所以,说啥也白搭。以后,我们假装不认识就好了。

"磨刀"与"砍柴"的关系

【问】请问老师,精力怎么样才能更好地兼顾呢?学习也好,事业也好。

【答】就是"磨刀"和"砍柴"的关系吧。不磨刀,一个劲儿地砍柴,早晚有你砍不动的时候;磨了刀,柴越砍越轻松,越砍效率越高。然后,你的时间就越来越有富余,你就可以有更多的时间去学文化、练内功、悟商道,再然后就是一步一层楼。

【问】那请问老师,"磨刀"要去哪里磨呢?

【答】一会儿咱们去厨房,就从做每一顿饭菜开始磨!

其实,就是讲"人不学,不知道"嘛!有好多规律性的东西,我们平时不系统学习,都是凭着自己相对朦胧的直觉感,或者凭着那点儿祖德、福报,在那儿折腾。很多时候,你会觉得"我没学,我也做成生意了,我也赚钱了……"

过去的好多成功,我们往往是仅凭着福报,而没有靠智慧。当你的福报足够的时候,就像春天来了,万物生机勃勃,它有一种内在的生发之力,使得"百花不得不盛开,草木不得不返青"。北方一到秋天,马上秋风扫落叶,一片萧条。这个时候,它就生发不起来了。那秋天的萧条,对于人生而言,意味着什么呢?也就是当你的福报消耗得差不多的时候,你会发现你的事业渐渐开始收缩,甚至萎缩——萎缩到一定程度,你会发现干不下去了。当然,干不下去,也不一定都是坏事,也可能有更大的一个福报要成熟,有更大的一个机遇在等着你。你只要顺势而为,还可以继续有所成就。

问题是,你有没有更大的福报啊?你有没有持续地去奉献、去付出,去深耕福田、去广积功德呀?如果有,那没事,你可以继续保持"傻人有傻福"!但是,在智慧没有有效开启的情况下,纵然收获一定的成功,里面也还是有好多不必要的代价、不必要的烦恼、不必要的担忧。如果你真正学了,在福慧双修的情况下,做起事情来就会如鱼得水,挥洒自如。

为什么学了传统文化，更爱计较了？

【问】王老师，学生想请教您一个问题：学生刚学习传统文化时，可以做到尽量少去计较得失，有信心通过自己的努力从其他方面把损失补回来。可是渐渐地，对自己越来越没信心，开始跟别人计较。很多时候虽然没做出来，但心里会有想法。内心好痛苦呀！问题出在哪里了？

【答】计较是因为不了解对方的不易与苦处。因为换位，所以懂得；因为懂得，所以慈悲；因为慈悲，所以释然。关爱还来不及呢，哪有计较的心？

【问】老师一说，我就想哭了。学生真的每次只会想起自己的不容易，从来没想过对方的不容易！每次对方越想反抗，学生就越想把他逼到投降为止。每每都是已经发生了，回过头来才后悔。

【答】这是一种暴力倾向，属于征服欲和控制欲。

【问】怎样才能让自己在失去理智之前，先考虑到对方的不容易呢？无论遇到什么事情，我的第一反应都是先保护自己。

【答】平时多多观想水的德行，体会水的状态。"上善若水，水善利万物而不争"。生命如水，淑女如水。"利万物"，是造福；"不争"，是不求回报，包括不求认可、不求知晓。合起来，就是无私奉献，无条件地付出。

【问】嗯，您这么说，我就想到我一开始出发点就错了！我是想着，这是为自己积善，是对自己好。都是自私自利，而从来没去考虑过对方的不容易，从来都没想过利他！

刚刚回顾了一下最近发生的事，"了解对方的不容易"，也解开了一些心结。道理是懂了，学生要慢慢去做好，感谢老师！

【答】祝你开心、幸福，开心才能幸福。

【问】谢谢，要真正做到了，那是心底里自发的幸福感，学生会努力！

【答】人这一辈子，只需要四个字：开心就好！只要能开心，一切都会好！开心的前提是：理解万岁！

【问】嗯，我会加油的！

为什么"诚心"行不通？

【问】老师，为什么揣着一颗"诚心"在生意场和职场上行不通呢？自己的真诚、担当精神被别人当作工具利用，难道真的是"水至清则无鱼"？

掏心窝子、掏钱、掏力对别人好，到后来还是换得墙倒众人推的境遇，连自己帮助过的人也在推波助澜。这让我如何用善良的眼光去看待周围的人？

【答】你可能对何为"诚心""担当"与"善良"有误解。

导致"货悖而出"的，是曾经的"货悖而入者"；导致"言悖而入"的，是曾经的"言悖而出者"。不可以错认了本末终始与前因后果，尤其不要赖到"诚心""担当"与"善良"的头上！

言顺而出者，亦顺而入；货顺而入者，亦顺而出。"出""入"之间，要给种子留出必要的生根、发芽、开花、结果的时间。

【问】谢谢老师的教诲，还是要修正自己的内心，自己是一切的因。

有什么法宝可以管住嘴?

【问】老师好！学生有疑问向您请教。自从上次取回"还是要关心TA""可恨之人必有可怜之处"和"譬"镜（注：依据《大学》里"人之其所XX而辟焉"原理制作的文创小镜子。辟，同"譬"，"借譬于人，反喻诸己"之义。当一切能够引发自身"亲爱""贱恶""畏敬""哀矜""敖惰"诸种情绪的人、事、物摆在面前时，皆视之如镜，反观内照，借以发现自身存在的问题，择善而从、不善而改，见贤思齐、不贤内省。此之谓"譬"镜——镜子法则。）之后，我对于自己情绪起伏的觉察和控制比以前好了很多，但现在的问题是仍然管不住自己的嘴，不知道"知止"，经常说不该说的话，尤其是遇到有人刻意套话提问时，明知要慎言，每每还是口无遮拦，等自己察觉到时，又已经晚了。老师有没有什么法宝，可以专门用来管住嘴的？

【答】很多：胶布、拉链……

【问】一会儿就去买胶布！

【答】管嘴先管心。管不住嘴，其实就是因为管不住心。

【问】好的，老师，学生知错了。情绪是心发出来的声势，这才是真正的"孽畜"，躲躲闪闪，变化无常，善于伪装。我从明天开始，说话前先停三秒，拿出"譬"镜看看这厮是否现原形。

管好自己的嘴

【问】王老师,晚上好!可以请教个问题吗?朋友发我一段话,我理解不了啥意思。我问他,他说自己也不懂。内容如下:

"君不密则失臣,臣不密则失身,几事不密则害成。是以君子慎密而不出也。"

【答】"密",慎密。在此语境中,指说话要注意,别乱开口。"不密",就是说话不注意,没轻没重,乱说一气。

【问】连起来是啥意思?说是高人传授给"布匹大王"陈寿亭(《大染坊》里的人物)的管理方法,他就是靠这句话从乞丐做上去的。

【答】当领导的说话不注意,就会失去臣子的拥护;做臣子的说话不注意,就会失去立身之地;正在酝酿中的事情,表述时不注意,就会招致失败。所以,君子要管好自己的嘴,不要乱开口。

【问】好的老师,我要管好自己的嘴。谢谢老师!

【答】发给你这段话的朋友,很了解你。

诚则不贰

【问】老师，晚上好！学生有一个疑惑，刚刚拿出《儒学心印》准备诵读，随手看了一下微信，在广西XX群里看到二十多年没见面的师姐师妹们晒聚会上吃吃喝喝的照片，就想在群里回应一下，可是又觉得不应该凑那个热闹，应该静心读书。心里明明很想念，却又懒得搭话。知道自己有毛病，却又不知道问题出在哪里。恳请老师指点。

【答】不诚——读书也不诚，与姐妹们相处也不诚。

【问】今天读到"愚而好自用"，觉得对号入座了。

【答】诚则不贰——不犹疑、不纠结、不撕扯、不割裂，该打招呼就大大方方自自然然打招呼，该读经典就全神贯注以心进入读经典。

遇到不愉快的人、事,如何平复心情?

【问】王老师好!我遇到不愉快的人、事,咋还是好几个小时内心不能平复呢?

【答】因为在意。

【问】嗯,谢谢!

【答】归零!

【问】好的,谢谢王老师!您是真的高人!

【答】也不算太高,才1米75。

如何激发别人的自信?

【问】老师,如何才能激发别人发自骨子里的自信呢?

【答】先须激发出自己骨子里的自信。

【问】哈哈哈……

附 处富贵去贫贱，都应有底线

【经文】

子曰："富与贵，是人之所欲也，不以其道得之，不处（chǔ）也；贫与贱，是人之所恶（wù）也，不以其道得之，不去也。"

——《论语·里仁第四》

【浅释】

财多为富，位高为贵。缺钱曰贫，无位曰贱。

富与贵，是人们都想要的；贫与贱，是人们都讨厌的。孔子告诉我们，无论是想要身处富贵之乡，还是想要远离贫贱生活，都得遵循一个基本前提：合乎道！

合乎道之富贵，比如"作善降之百祥"一类的，其本末终始先后的关系昭然，当然可以拥有；否则，未曾"作善"，却"降之百祥"者，属意外收获，来路不明，便不能要。

合乎道之贫贱，比如"作不善降之百殃"一类的，根据"悖而出者，亦悖而入"的原理，当然是可以去掉的，也是有办法去掉的（顺而出者，亦顺而入）；否则，未曾"作不善"，却"降之百殃"者，系天命使然。此时，"君子素其位而行，不愿乎其外……无入而不自得焉"，故不必去之。

还是要多关心他

程二军治印